Neue Kommunikationskonzepte
für die erfolgreiche PR-Arbeit

Nicole Zeiter Sixt

Neue Kommunikationskonzepte für die erfolgreiche PR-Arbeit

Der Leitfaden für die Praxis

Zweite, erweiterte Auflage

Verlag Huber
Frauenfeld Stuttgart Wien

1. Auflage 2003
2., erweiterte Auflage 2008

Bibliografische Information der deutschen Bibliothek:
Die Deutsche Bibliothek verzeichnet diese Publikation
in der Deutschen Nationalbibliografie;
detaillierte bibliografische Daten sind im Internet
über http://dnb.ddb.de abrufbar.
ISBN 978-3-7193-1463-7

© Copyright 2003, Huber & Co. AG, CH-8501 Frauenfeld

Das Werk einschliesslich aller seiner Teile ist urheberrechtlich geschützt.
Jede Verwertung ohne Zustimmung des Verlages ist unzulässig.
Dies gilt insbesondere für Vervielfältigungen, Übersetzungen, Mikroverfilmungen und die Einspeicherung in elektronische Systeme.

Gestaltung und Satz: Atelier Mühlberg, Basel
Herstellung: Arthur Miserez, Frauenfeld
Gesamtherstellung: Huber PrintPack, Frauenfeld
Einband: Buchbinderei Schumacher, Schmitten

Printed in Switzerland

Inhaltsverzeichnis

1 Einleitung

1.1	Bevor Sie sich an die Arbeit machen	9
1.2	Kommunikationskonzepte – wozu?	11
1.3	Reif für ein Konzept?	13

2 Die Erarbeitung des Kommunikationskonzepts

2.1	Der Konzeptraster	17
2.2	Das Vorgehen	23
	Organisationsinterne Erarbeitung vs. externer Auftrag	24
	Wie Sie eine Kommunikationsagentur finden	28
	Das Briefing	33
	Für wen schreiben wir?	38
2.3	Die Situationsanalyse	39
	Definition der Analysefelder	39
	Recherchemethoden in den Public Relations	47
	Die Auswertung	51
	Gewichtung des Materials und Schlussfolgerungen	54
	Fazit	57
2.4	Ziele erreichen kann nur, wer Ziele hat	59
	Gliederung von Zielen	61
2.5	Dialoggruppen	65
	Ziel-, Anspruchs- oder Dialoggruppen?	65
	Der Sinn der gezielten Bestimmung der Dialoggruppen	65
	Die Identifikation der Dialoggruppen	66
2.6	Die Kommunikationsinhalte	73
2.7	Die Strategie	77
2.8	Die Massnahmen	87

	Den Bogen schlagen von der Strategie	
	zu den Massnahmen	87
	Kreativität bei den Massnahmen	88
	Methoden für die Erarbeitung	89
	Die Darstellung	92
	Zeitplan	96
2.9	Budget und Organisation	101
	Der Einbezug aller relevanten Kostenfaktoren	101
	Operative Durchführung der Massnahmen klären	102
	Überprüfen Sie die PR-Strukturen	103
	Das Budgetieren von PR-Massnahmen	105
	Übersicht bei Budgetposten	107
2.10	Die Wirkungskontrolle	109

3 Die Präsentation

Der Präsentationsaufbau	119
Die Vorbereitung der Präsentation	121
Präsentationswerkzeuge	123
Der richtige Auftritt	125
Wenn der grosse Moment naht…	126
Liebe Deinen Kunden: Wie man überzeugt	127

4 Umsetzen, aber wie?

4.1	Gegen das Verschwinden in der Schublade	131
4.2	Das Konzept und seine Wirksamkeit	135

5 Anhang

5.1	Zehn Fragen zu Ihrem Kommunikationskonzept	139
5.2	Testfragen	141
5.3	Anmerkungen	147
5.4	Literaturverzeichnis	149
5.5	Adressen	151

1 Einleitung

Bevor Sie sich an die Arbeit machen

Wer Geld in die PR investieren möchte, findet bald heraus: Es ist ein Fass ohne Boden. Viele Möglichkeiten, viele denkbare Massnahmen. Weshalb investieren manche Unternehmungen soviel Geld ohne sichtbaren Erfolg und andere erreichen ihre Ziele mit vergleichsweise wenig Mitteln so mühelos?

Der Erfolg der Kommunikation ist entgegen den Vorurteilen nicht allein eine Frage des Geldes. Wer für sein Geld etwas erhalten will, muss die Kommunikation gezielt planen und steuern. Public Relations sind kein Feuerwerk, das man einmal mit grossem Aufwand in den Himmel steigen lässt, um sich dann zurückzulehnen und das Ergebnis abzuwarten. Vielmehr müssen die Bedingungen und Zielsetzungen für eine optimale Beziehung zur Öffentlichkeit individuell festgelegt und langfristig realisiert werden. PR sind ein strategisch entscheidendes Instrument und gleichzeitig die gesunde Basis aller Unternehmenskommunikation. In diesem Bereich konzeptionslos vorzugehen, heisst, Chancen zu vergeben und viel Geld für nichts zu investieren.

Dieses Buch wurde geschrieben, um Kommunikationspraktikern das Arbeiten mit Kommunikationskonzepten zu erleichtern. In der Schweiz gibt es zahlreiche kleinere und mittlere Unternehmungen[1] und eine stattliche Anzahl Non-Profit-Organisationen. Viele dieser KMU, NPO oder auch die Kommunikationsbeauftragten der öffentlichen Hand stehen irgendwann vor der Aufgabe, ein Kommunikationskonzept erstellen zu müssen. Für viele ist diese Arbeit nicht tägliche Routine, sondern eine intensive Auseinandersetzung mit der eigenen Organisation und deren Kommunikationsstrategie, die nebst den Alltagsgeschäften ausgeführt werden muss.

Praktikerinnen und Praktiker können sich nicht eben auf einen reichen Literaturfundus stützen. So sind zwar Kommunikationskonzepte fast in jedem Buch über PR ein Thema. Zudem haben DÖRRBECKER/FISSENEWERT Pionierarbeit geleistet mit ihrem Buch

«*Wie PR-Profis PR-Konzeptionen entwickeln*» und FISSENEWERT/ SCHMID haben kürzlich eine praktische Einführung in die Konzeptionspraxis nachgereicht.[2]

Oft sind es jedoch nicht die Konzeptschritte an sich, die Mühe bereiten, sondern die Stolpersteine, die sich einem im Laufe der Erarbeitung in den Weg stellen. Insbesondere dieser praktisch-methodischen Seite der Konzepterarbeitung wurde in der Literatur bisher wenig Beachtung geschenkt.

Dieses Buch richtet den Blick auf die gesamte Konzeptarbeit, von der Frage, ob Sie Ihr Kommunikationskonzept selbst erarbeiten oder eine Agentur damit beauftragen, über die Konzeptarbeit selbst bis hin zur Art und Weise, wie das Konzept der Geschäftsleitung präsentiert werden soll. Im Vordergrund steht dabei die praktische Anwendung.

Kommunikationsleiter und -leiterinnen in Unternehmungen, staatliche Institutionen und NPO/NGO erhalten damit ein Arbeitsbuch, das die Leserin und den Leser Schritt für Schritt an der Konzeptentwicklung teilhaben lässt und parallel dazu die Arbeit an eigenen Konzepten unterstützt. Checklisten und Fallbeispiele veranschaulichen die Thematik. Wichtige Merkpunkte sind zudem übersichtlich gekennzeichnet. Damit eignet sich dieses Buch auch als Unterrichtsgrundlage.

Danken möchte ich allen, die mich bei der Erarbeitung dieses Buchs motiviert und unterstützt haben. Allen voran ist dies Verlagsleiter und PR-Fachmann Hansruedi Frey, der den Anstoss dazu gab, dessen Entstehung aufbauend begleitete und wertvolle Inputs leistete. Weiter danke ich allen meinen Kunden, die es mir ermöglicht haben, ihre Unternehmungen bzw. Organisationen als Fallbeispiele aus der PR-Praxis darzustellen. Last, but not least, danke ich meinem Mann Max Sixt jun., der mein Projekt von Anfang an unterstützt hat und mir liebevoll den nötigen Support aus dem Hintergrund gewährleistete.

Und nun wünsche ich Ihnen viel Spass und freue mich auf Ihre wirkungsvollen Kommunikationskonzepte.

Nicole Zeiter

Kommunikationskonzepte – wozu?

Nicht nur Laien, auch Fachleute tun sich oft schwer damit, ihre Kommunikationsstrategien konzeptionell zu erarbeiten. Das hat mehrere Gründe: Die Erstellung eines Kommunikationskonzeptes ist zum einen trockene Knochenarbeit, zum andern zeitaufwändig und mit nicht unerheblichen Kosten verbunden. Die Durchführung von PR-Massnahmen aufgrund der jeweiligen Situation oder Bedürfnislage bringt zudem auf den ersten Blick oft keine unmittelbaren Nachteile. In anderen Branchen wäre die Arbeit ohne Konzept fatal. Kein Architekt würde ein Haus bauen, ohne vorher Pläne zu zeichnen und Berechnungen anzustellen. Auch die Kommunikation eines Unternehmens muss sorgfätig geplant werden.

Konzepte sind in erster Linie theoretische Gefässe, die Ihr Ankommen an einem Ziel modellmässig darstellen und damit vorwegnehmen, *dass* Sie ankommen. Mit Konzepten geben Sie Ihrem Denken *eine bestimmte Richtung*, von Wegweisern rechts und links der Strecke lassen Sie sich nicht mehr auf Irr- und Umwege ableiten, weil Sie nach einer gewissen Methodik vorgehen. Indem Sie einem erprobten Konzeptraster folgen, stellen Sie sicher, dass Sie alle relevanten Punkte für die erfolgreiche Erarbeitung berücksichtigen.

Kommunikationskonzepte sind dazu da, um zunächst auf theoretischer Basis eine Kommunikationsstrategie so zu entwickeln, dass sie in der Praxis erfolgreich umgesetzt werden kann. Das Konzept bietet Ihnen die Chance, solange theoretisch zu analysieren und zu entwickeln, bis Sie den durchdachtesten Weg für die Lösung Ihres Problems gefunden haben. Damit vermeiden Sie Schiffbrüche, wenn Sie in die Praxis gehen. Natürlich kann bei der Umsetzung noch immer das eine oder andere schief laufen, aber das Risiko wird kalkulierbar.

Vielleicht büssen Sie durch die Konzepterarbeitung in einer ersten Runde an Spontanität ein. Dies wird aber durch eine bessere Effizienz und mehr Wirksamkeit durch die strategische Planung wett gemacht. Wenn Ihre Ressourcen beschränkt sind, können Sie sich eine Kommunikation ohne auf die Bedürfnisse Ihrer Organisation abgestimmten Ziele nicht leisten.

> **Wozu Konzepte gut sind**
> - Schriftliches Manifest der Kommunikationsstrategie
> - Leichtere Vermittlung der Überlegungen an Dritte (zum Beispiel Geschäftsleitung)
> - Gezielte Planung der Zukunft
> - Fokussierung auf konkrete Ziele
> - Konzentration auf das Wesentliche
> - Sicherstellung eines optimalen «Return-on-investment»
> - Legitimation für Budget- und Personalbedarf
> - Terminkontrolle
> - Ganzheitliche Betrachtungsweise
> - «Generalprobe» für die Praxis
> - Ermöglichung einer Erfolgskontrolle

Gesamtkonzepte oder Teilkonzepte?

Es kommt nicht darauf an, ob Sie ein Kommunikationskonzept oder ein Teilkonzept erstellen müssen. Wenn Sie die Konzepttechnik beherrschen, werden Sie diese überall anwenden können. Beispielsweise können Sie ein Teilkonzept für ein Event nach dem selben Muster erstellen. Einzelne Konzeptpunkte werden Sie dabei weniger eingehend bearbeiten müssen. Oft fällt bei Teilkonzepten zum Beispiel die Analysephase reduziert aus, weil die Ausgangslage bereits klar ist. Je besser Sie die Konzepttechnik beherrschen, desto mehr werden Sie Ihre Konzepte nach Ihren Vorstellungen adaptieren und damit einen eigenen Stil entwickeln können.

Lesen Sie im folgenden Kapitel, ob Sie reif für ein Konzept sind.

Reif für ein Konzept?

Gleich vorweg: Wenn Ihre Organisation keines hat, sind Sie ziemlich sicher reif für ein Konzept. Der Fall, in welchem Kommunikationsziele konzeptionslos effizienter erreicht worden wären, ist mir nicht bekannt. Kommunikationskonzepte entstehen selten im luftleeren Raum. Meist werden sie zu Beginn einer neuen Periode (neuer Kommunikationsleiter/-in) oder beim Auftreten eines Kommunikationsproblems initiiert. Oft sind es Budgetgründe, die dazu zwingen, eine Planung zu machen. Gerade Organisationen, die bisher keine geplante PR gemacht haben, sehen sich mitunter mit einem grossen Bedarf konfrontiert.

Vielleicht haben Sie bisher nur mit Jahresmassnahmenplänen gearbeitet und sind dabei gut gefahren. Vielleicht hätten Sie für Ihre Organisation aber noch mehr herausholen können, wenn Sie aufgrund einer Analyse die Kommunikationsbedürfnisse bzw. -defizite herausgearbeitet und sich voll auf deren Erfüllung konzentriert hätten.

Nachfolgende Fragen sollen Ihnen den Entscheid, an ein Kommunikationskonzept heranzugehen, erleichtern:

1. Fehlen Ihnen detaillierte Zielsetzungen, was Sie mittels Kommunikation qualitativ und quantitativ erreichen möchten?
2. Fehlt Ihnen eine Kommunikationsstrategie als Basis allen Handelns?
3. Wird in Ihrem Betrieb die Devise «one company – one voice» vernachlässigt?
4. Planten Sie bisher Ihre PR-Massnahmen von Jahr zu Jahr neu?
5. Überziehen Sie Ihr PR-Budget regelmässig?
6. Werden Sie mit unterschiedlichen Kommunikationsbedürfnissen aus dem Betrieb konfrontiert, welche Sie nicht alle erfüllen können?
7. Gibt es in Ihrer Unternehmung akute Kommunikationsprobleme?

8. Vergessen die Entscheidungsträger in Ihrer Unternehmung bei ihren Auftritten manchmal die wichtigsten Kommunikationsbotschaften?
9. Haben Sie hin und wieder das Gefühl, dass Ihre PR-Massnahmen zu wenig effektiv sind?
10. Beschleicht Sie ein ungutes Gefühl, wenn Sie an mögliche Krisenfälle in Ihrer Unternehmung denken?

Wenn Sie diese Fragen mehrheitlich mit «Ja» beantworten, dann sollten Sie nicht mehr lange zögern und sich an die Arbeit machen! Allerdings gibt es gewisse Vorbedingungen, welche erfüllt sein müssen:

- *Kapazität und Know-how*
  Für ein Kommunikationskonzept braucht es genügend Zeit. Ausserdem benötigen Sie Fachwissen. Ein schwaches Konzept führt zu einem schwachen Ergebnis. Vergeben Sie den Auftrag im Zweifelsfall lieber an eine kompetente Fachperson oder eine PR-Agentur oder lassen Sie sich von dieser zumindest begleiten.

- *Terminplan*
  Erstellen Sie einen realistischen Terminplan. Realistisch heisst, dass Sie genügend Zeit sowie einen Puffer für Unvorhergesehenes einräumen. Konzepterarbeitungen erfahren manchmal unvorhersehbare Wendungen. Umgekehrt sollten Sie aber auch einen präzisen Abgabetermin haben. Ansonsten besteht die Gefahr, dass das Kommunikationskonzept ein ewiges Unterfangen bleibt.

- *Budget*
  Beginnen Sie nur, wenn Sie erstens zur Erarbeitung des Konzeptes und zweitens für die spätere Realisierung von Massnahmen über ein entsprechendes Budget verfügen. Verfügen Sie über praktisch kein Budget, kann auch ein Konzept nicht viel ausrichten. Dann konzentrieren Sie sich lieber zuerst auf die Beschaffung der nötigen Mittel.

2 Die Erarbeitung des Kommunikationskonzeptes

Der Konzeptraster

Wenn Sie über wenig Konzepterfahrung verfügen, wird Ihnen der bewährte Konzeptraster, wie ihn PR-Profis verwenden, eine gute Stütze sein. Aber auch gestandene Profis befassen sich immer wieder damit, wie der ideale Aufbau eines Kommunikationskonzeptes erfolgen muss. Ein gutes Konzept ist weit mehr als das stereotype Auffüllen eines Rasters. Je nach Ausgangslage und Situation verschieben sich die Gewichtungen oder es muss auf einzelne Punkte bedeutend ausführlicher eingegangen werden als auf andere etc. Geübte Konzeptarbeiterinnen bzw. -arbeiter benutzen den Raster als Grundlage und wandeln ihn nach ihren eigenen Bedürfnissen ab oder ergänzen ihn.

Sie werden beim Kommunikationskonzept die selbe Erfahrung machen: Wie sehr Sie auch immer planen, Unternehmungen und Organisationen sind dynamische Gebilde, die in einem Prozess stehen. Ihr Konzept wird deshalb so oder so situativ Anpassungen erfahren. In diesem Sinne ist das Konzept analog zum Trainingsplan eine Guideline, ein Strategieplan, der für jede Unternehmung wieder neu formuliert werden muss. Es gibt keine zwei identischen Situationen, höchstens ähnliche. Sollten Sie auf Agenturseite stehen und dieses Buch lesen, rate ich Ihnen aus den genannten Gründen vom «*copy-paste*-Verfahren» bei Kommunikationskonzepten ab. Abgesehen davon, dass es unsauber ist, ein identisches Konzept zweimal zu verkaufen, werden Sie nie in der Weise auf den Kunden eingehen können, wie wenn Sie die Denkarbeit jedes Mal neu leisten.

Ein Kommunikationskonzept lässt sich in drei Hauptbereiche teilen:

1. Analyseteil
2. Strategieteil
3. Massnahmenteil (und Evaluation)

Die Erarbeitung des Kommunikationskonzeptes

Innerhalb dieser drei Hauptbereiche gibt es unverzichtbare Konzeptelemente. Im Folgenden eine kurze Übersicht über die einzelnen Elemente:

1. Analyseteil

Die Ausgangslage

Hier wird festgehalten, wo die Unternehmung bzw. Organisation zur Zeit steht und weshalb ein Kommunikationskonzept erarbeitet werden soll. In der Ausgangslage rekapitulieren Sie zudem die Ihnen gestellte Aufgabe.

Die Situationsanalyse

Die Situationsanalyse ist einer der Grundbausteine des Kommunikationskonzepts. Sie analysiert die interne und externe Kommunikationssituation der Unternehmung bzw. Organisation, deckt deren Stärken und Schwächen auf, ortet Chancen und Gefahren im Umfeld sowie den kommunikativen Handlungsbedarf, der sich innerhalb der Organisation und aus deren Interaktion mit der Umwelt ergeben kann. Jede Situationsanalyse endet mit *Schlussfolgerungen*. Logischerweise fokussiert die Situationsanalyse eher auf die Kommunikationsdefizite, weil es ja darum geht, brach liegendes Potential aufzuzeigen und zu nutzen. Die Fokussierung auf Defizite ist für den Kunden nicht immer einfach zu akzeptieren. Allerdings muss im gleichen Atemzug gesagt werden, dass auch in den Stärken vorhandenes Potential liegt und es zum Konzept gehört, dieses dem Kunden aufzuzeigen.

2. Strategieteil

Die Zielsetzungen

Sie knüpfen an die Schlussfolgerungen an und bilden die konkreten Vorgaben, an welchen sich die Organisation in Zukunft messen wird. Meist werden die Zielsetzungen in überdachende und Teilzielsetzungen für wichtige Dialoggruppen unterteilt. Ziele können sowohl quantitativ als auch qualitativ formuliert werden.

In den Public Relations ist eine qualitative Zielsetzung eher häufiger denn eine quantitative.

Die Dialoggruppen

Um unsere Mittel möglichst effizient einzusetzen, legen wir fest, mit welchen Dialoggruppen wir aktiv kommunizieren möchten. Selbstredend würden wir gerne mit allen Gruppen kommunizieren. Aber dafür reichen die Ressourcen nicht, so dass wir uns aus Effizienzgründen auf die relevantesten konzentrieren. Die Dialoggruppen werden in interne und externe unterteilt, meist auch nach Prioritäten geordnet.

Die Kommunikationsinhalte

Auch bei den Kommunikationsinhalten geht es um Effizienz. Wir konzentrieren uns darauf, bestimmte Inhalte zu vermitteln. Indem wir Botschaften formulieren, die beim Einsatz aller Kommunikationsmittel konsequent einfliessen, stellen wir sicher, dass wir einheitlich und effizient kommunizieren. Ziel ist es, mit beschränktem Ressourceneinsatz Profil zu gewinnen und die Kommunikation aktiv zu steuern. Die Dialoggruppen sollen genau diejenigen Inhalte wahrnehmen, die wir transportieren möchten.

Die Strategie

Die Strategie zeigt auf, auf welche Weise wir die definierten Inhalte an bestimmte Dialoggruppen transportieren wollen, wo die Schwerpunkte im zeitlichen Massnahmenbereich zu setzen sind und welche Instrumente wir dafür einsetzen. Ebenso legt sie die zeitlichen Dimensionen und die Budgetaufteilung fest. Es ist ein bisschen wie im Schach: Sie überlegen sich zuerst generell, wie Sie vorgehen möchten, um das Spiel zu gewinnen. Erst dann müssen Sie die einzelnen Züge wirklich machen! Damit ist die Strategie sozusagen die Vorstufe zu den Massnahmen und der Kernpunkt eines guten Konzepts. Schaffen Sie es, eine schlüssige Strategie zu formulieren, haben Sie die zentrale Vorarbeit für die Massnahmenentwicklung geleistet.

3. Massnahmenteil

Die Massnahmen

Der Massnahmenkatalog ist das Tüpfelchen auf dem «i» des Konzeptes. Aus allem vorgängig Gesagten sollten konsequenterweise die geeignetsten Massnahmen hervorgehen. In der Praxis ist es aber oft so, dass die Ideen für Massnahmen vom ersten Arbeitsgang an da sind. Erst, wenn jedoch das Kommunikationskonzept erarbeitet ist, können die Massnahmen so festgelegt werden, dass sie der Zielsetzung dienen und innerhalb der Strategie und den Budgetvorgaben liegen. Massnahmen sind daher keine Selbstläufer, sondern die «Dienerinnen» von Zielsetzungen und Strategie.

Das Budget

Die Kosten sind entweder innerhalb des Massnahmenkataloges oder separat aufgeführt. Es ist derjenige Teil, zu welchem Ihr Kunde (intern oder extern) am raschesten durchblättern wird. Zwar sind in der Konzeptphase kaum exakte Zahlen möglich, jedoch lässt sich eine erste Kostenschätzung machen, damit der Kunde sieht, von welcher Grössenordnung gesprochen wird.

Die Organisation

In einem Kommunikationskonzept werden bereits erste Vorstellungen genannt, wie die Massnahmen organisatorisch umgesetzt werden könnten. Wer wird welche Aufgaben übernehmen? Soll eine «inhouse»-Lösung angestrebt werden (Massnahmen werden intern realisiert) oder ist eine externe Vergabe von Aufträgen sinnvoll? Zeigen Sie hier Wege auf, wie sich Ihr Konzept umsetzen lässt. Ein Konzept macht nur dann Sinn, wenn die Realisation von Massnahmen organisatorisch auch bewältigt werden kann.

Die Erfolgskontrolle

Massnahmen zur Beurteilung des Erfolges dürfen in keinem Konzept fehlen. Kommunikationsmassnahmen müssen im Hinblick auf ihren Erfolg überprüfbar sein. Umstritten ist unter Fachleuten, an welcher Stelle sie aufgeführt werden sollen. Innerhalb eines Konzeptes passen sie gut ans Ende. Es ist jedoch empfehlenswert, bereits im Budget einen Betrag für die Erfolgskontrolle einzurechnen, um dem Kunden unangenehme Überraschungen zu ersparen.

Wenn der Kommunikation ein entsprechendes Konzept zugrunde gelegt werden soll, müssen die Voraussetzungen innerhalb der Unternehmung bzw. der Organisation gegeben sein. So müssen die Entscheidungsträger den Sinn einer gezielten Öffentlichkeitsarbeit einsehen und bereit sein, Geld und Human Capital dafür einzusetzen. Und dies nicht nur heute und morgen, sondern auch noch übermorgen. Public Relations sind der Ausdruck einer Unternehmungshaltung, welche langfristig angelegt ist und nur dann zum Ziel führt, wenn sie in die Perspektive der Gesamtführung einfliesst. Konzepte sind ein schriftliches Manifest dieser Haltung. Wankelmütigkeit, Ungeduld und daraus resultierende Schnellschüsse machen aus Kommunikationskonzepten wirkungslose Alibiübungen.

Das Vorgehen

Grundsätzlich gibt es zwei Wege, um zu einem Kommunikationskonzept zu kommen:

1. Die Erarbeitung erfolgt *organisationsintern*. Das heisst, dass Sie dieses selbst erarbeiten oder eine andere Fachperson im Betrieb damit beauftragen. Wichtig ist dabei, dass Ziel und Umfang der Arbeit genau definiert werden, dass die benötigten Unterlagen erschlossen sind und Termine sowie die Entscheidungsträger, welche später das Konzept beurteilen, feststehen.

2. Die Konzeptarbeit wird *an einen externen Partner, zum Beispiel eine Kommunikationsagentur*, vergeben. Damit werden Sie selbst zum Auftraggeber. Sie sind verantwortlich, dass die Wahl auf einen externen Partner fällt, der die Bedürfnisse Ihrer Organisation optimal abdecken kann. Sie sind ferner dessen ständige Begleitung, vom Briefing bis zur Präsentation (und eventuell natürlich darüber hinaus).

Welcher Weg für Sie der Richtige ist, hängt von verschiedenen Faktoren ab, zum Beispiel:

- Kapazität
- Fachwissen
- Budget
- Ausmass des Problem- oder Zeitdrucks aufgrund der Ausgangslage
- Organisationsstruktur
- Stellenwert der PR in Ihrer Unternehmung

Und damit liegt der Ball bei Ihnen. Wägen Sie aufgrund der nachfolgenden Informationen und Hinweise die Vor- und Nachteile zugunsten der einen oder anderen Lösung ab. Falls Sie sich jetzt schon in die Ferien fahren sehen, während andere über Ihrem Kommunikationskonzept schwitzen, vergessen Sie es: Welchen Weg Sie auch einschlagen, er wird Ihnen einiges an Zeit und Fachwissen abverlangen. Auch bei der externen Vergabe sind Sie die Schlüsselfigur, mit welcher die Konzepterarbeitung steht und fällt.

Organisationsinterne Erarbeitung vs. externer Auftrag

Vorteile organisationsinterner Erarbeitung

- *Faktor Zeit*
  Bedenken Sie, dass Sie für die Erarbeitung eines Konzeptes mindestens zwei bis drei Monate einrechnen müssen, damit Sie seriöse Arbeit leisten können. Bei einer internen Lösung entfallen die Zeitaufwände für die Suche einer Agentur, ebenso der Aufwand fürs Briefing. Zudem kennen Sie bzw. ein anderer PR-Fachmann(-frau) Ihrer Organisation die Verhältnisse bereits, was beim Orten von Schwachstellen ein Vorteil sein kann. Defizite liegen möglicherweise auf der Hand, und es ist rasch klar, welche Massnahmen es innerhalb der betreffenden Firmenkultur braucht.

- *Wenn Sie neu sind...*
  Sollten Sie neu sein an Ihrem Wirkungsort, könnte dies ein Anlass sein, selbst ein Kommunikationskonzept zu erarbeiten. Insbesondere dann, wenn dafür genügend Kapazität zur Verfügung steht. Wertvoll ist in diesem Fall eine begleitende Projektgruppe, welche dazu beiträgt, das Konzept in seiner Entstehungsphase breiter abzustützen. Damit schaffen Sie gute Voraussetzungen für dessen Akzeptanz.

Nachteile organisationsinterner Erarbeitung
Die zuvor beschriebenen Vorteile sind zum Teil auch Nachteile:

- *Fehlende Distanz*
  So ist es anspruchsvoll, ein sauberes Konzeptionsprozedere abzuwickeln, wenn die Fakten, beispielsweise die Kommunikationsdefizite der Unternehmung (eventuell vermeintlich), schon

auf der Hand liegen. Möglicherweise kommen Ihnen dabei auch Entscheidungsträger in die Quere, die es nicht für nötig halten, eine Situationsanalyse zu erstellen, weil sie die Probleme bereits zu kennen glauben. Das Risiko der Betriebsblindheit besteht bei allen, die schon länger im Betrieb sind. Dazu kommt die «Schere im Kopf». Wenn Sie bereits vorausahnen, bei welchen Entscheidungsträgern Sie mit welchen Vorschlägen auf Granit beissen werden, beeinträchtigt dies Ihren Arbeitsfluss. Sie werden nicht mehr unvoreingenommen ans Werk gehen, sondern Ihr Konzept bereits den Realitäten im Betrieb anpassen.

- *Keine Kostenwahrheit*
  Ob mit einer internen Erarbeitung tatsächlich Kosten gespart werden können, ist fraglich. Wer noch andere Kommunikationsaufgaben erledigen muss, hat oft nur wenig Zeit für längere konzeptionelle Arbeiten und kann nicht am Thema dranbleiben. Wenn vorher nicht ein klares Zeitbudget definiert wurde, besteht ausserdem die Gefahr, dass im Vergleich zur Agenturarbeit zu viele Stunden ohne Kontrolle in die Konzepterarbeitung fliessen.

- *Interne haben niedrigere Glaubwürdigkeit als Externe*
  Ein weiterer Punkt ist die Akzeptanz. Wer hat es nicht schon erlebt? Was man in der Chefetage schon hundertmal deponiert hat, blitzt ebenso viele Male sang- und klanglos ab. Die selbe Idee von der externen Beraterin oder dem externen Berater – und schon wird sie akzeptiert. Es kann deshalb strategische Gründe geben, ein Konzept extern erarbeiten zu lassen. Eine eigene Einschätzung der Lage wird durch die Agenturbeurteilung oft unterstützt und erhöht die Glaubwürdigkeit.

Vorteile externe Lösung

- *Aussensicht*
  Wer eine Konzeptarbeit an einen kompetenten externen Partner vergibt, kann damit rechnen, eine einigermassen realistische Aussensicht auf die eigene Unternehmung zu erhalten.

- *Termintreue garantiert*
  Gute Kommunikationsagenturen halten sich an Termin- und Budgetvorgaben, egal wie die Auftragslage innerhalb der Agentur aussieht. Damit haben Sie die Garantie, am Tag x tatsächlich etwas in der Hand zu haben. Sind Sie selbst am Werk, besteht die Gefahr, dass Sie die Konzeptarbeit aufgrund der nie enden wollenden Tagesgeschäfte auf die lange Bank schieben.

- *Aktuelles Praxiswissen*
  Nebst neuen Ideen und solidem Fachwissen können Sie von einer Kommunikationsagentur vor allem eines erwarten: Grosses Praxiswissen, das sich die Agentur im Umgang mit grösseren und kleinen Betrieben und in verschiedenen Branchen erworben hat. Agenturen, die einige Jahre im Markt sind, wissen, was funktioniert und was nicht. Sie kennen die Stolpersteine und die kritischen Phasen punkto Akzeptanz, sie kennen die Budgets, die es für bestimmte Massnahmen braucht etc. Für den Beizug eines externen Partners spricht also insbesondere das umfassende praktische Wissen, welches Sie damit einkaufen.

Nachteile externe Lösung

- *Aufwändige Agenturauswahl*
  Der Nachteil einer Agenturlösung liegt darin, dass Sie zuerst eine geeignete Agentur (auch: einzelne(r) PR-Berater(-in) möglich) finden müssen, die Ihren Bedürfnissen entspricht und mit der Sie gut zusammenarbeiten können. Das Auswahlprozedere für eine PR-Agentur hat eine gewisse Ähnlichkeit mit der Anstellung eines neuen Mitarbeitenden. Sie müssen einen geeigneten Weg finden, um die optimalste Agentur auszuwählen, Sie müssen deren Fachwissen beurteilen können und gleichzeitig sollte auch die Chemie stimmen. Da Sie nicht einfach ein Inserat aufgeben können, stehen viele Organisationen am Berg, wenn es darum geht, einen externen Partner zu suchen. Wie Sie dabei vorgehen können, erfahren Sie im nachfolgenden Kapitel *Wie Sie eine Kommunikationsagentur finden*, S. 28.

- *Externe Kosten*
  Ein weiterer Nachteil mögen auf den ersten Blick die Kosten sein. Eine Kommunikationsagentur kostet Geld. Dafür muss zuerst einmal ein Budget vorhanden sein. Die meisten PR-Agenturen verrechnen ihre Leistungen nach Stundenaufwand. Das heisst also, dass der Ticker läuft, wann immer Leistungen zu Ihren Gunsten erbracht werden. Für Sie heisst das: Bereiten Sie sich gut vor, damit Sie die Agentur entsprechend führen können und damit Mehraufwand vermeiden.
  Wenn wir zum Beispiel davon ausgehen, dass ein Konzept etwa zwanzig volle Tage Arbeitsaufwand (je nach Tiefe und Umfang ist der Zeitaufwand sehr variabel) verursacht, sind dies 160 Stunden. Sie können nun selbst ausrechnen, welche Kosten ein Konzept mit ungefähr diesem Stundenaufwand auslösen würde.
  Die auf den ersten Blick hohen Kosten relativieren sich oft, wenn Sie die eigene Effizienz oder diejenige Ihrer Mitarbeitenden unter die Lupe nehmen. In Agenturen wird eine Stundenkontrolle durchgeführt, jeder Mitarbeitende muss am Ende des Tages seine Stunden rapportieren. Es rentiert nur, wer möglichst wenige unproduktive Stunden auf seinem Konto verbucht. Sie kriegen in der Regel eine valable Gegenleistung für Ihren Einsatz. Zudem sind bei einer Agenturlösung alle Kosten für Infrastruktur etc. mit eingerechnet.

Die Erarbeitung des Kommunikationskonzeptes

Wann ist es sinnvoll, ein Kommunikationskonzept in Auftrag zu geben?

Die folgenden Fragen helfen Ihnen bei Ihrem Entscheid:
1. Was ist der Grund für die Erstellung eines PR-Konzeptes?
2. Zu welchem Zeitpunkt soll das Konzept erstellt sein?
3. Wieviel Kapazität haben wir intern?
4. Wieviel PR-Know-how ist intern vorhanden?
5. Wie hoch ist die Glaubwürdigkeit unserer PR-Stelle?
6. Wie sehr benötigen wir zum jetzigen Zeitpunkt eine kritische Betrachtung von aussen?
7. Inwiefern können wir vom Praxiswissen einer Agentur profitieren?
8. Haben wir ein Budget für externe Projektkosten?
9. Benötigen wir allenfalls externe Unterstützung bei der Realisation der Massnahmen?

▶ **Tipp**
Wenn Sie das Kommunikationskonzept inhouse erstellen möchten, jedoch gerne ein Feedback auf Ihre Arbeit hätten, dann lassen Sie sich von einer externen Fachperson begleiten. Sie erhalten so zusätzliche fachliche Inputs sowie eine kritische Meinung von aussen.

Wie Sie eine Kommunikationsagentur finden

Bevor Sie Ihre Suche starten, sollten Sie sich zunächst einmal fragen, welche Kriterien Ihre Wunschagentur erfüllen muss. Welche Fähigkeiten muss die Agentur abdecken? Suchen Sie eine Allround-Agentur oder haben Sie Bedarf in einer Spezialdisziplin wie zum Beispiel Investor Relations oder Sponsoring? Spielt der geografische Raum für den Auftrag eine Rolle? Wieviel Kapazität müsste die von Ihnen gewählte Agentur bieten können? Haben Sie ein grosses Volumen an PR-Arbeit zu vergeben, so ziehen Sie wohl eher eine grössere Agentur bei. Bei einem Kleinauftrag jedoch, wäre es vermutlich übertrieben, eine Grossagentur zu beauftragen. Grossagenturen unterscheiden sich in der Unternehmenskultur und der Auftragsabwicklung von kleineren.

Je genauer Sie Ihre Bedürfnisse kennen, desto effizienter können Sie nach einer geeigneten Agentur Ausschau halten. Wer eine Kommunikationsagentur sucht, fragt erfahrungsgemäss zuerst im eigenen Geschäftsumfeld (Kunden, geschäftlicher Bekanntenkreis, Netzwerke) nach. Oft stösst man auch via Publikationen oder andere Arbeiten (zum Beispiel Geschäftsberichte) auf eine PR-Agentur. Häufig werden Kommunikationsagenturen auf diese Weise weitergereicht und kommen aufgrund von Weiterempfehlungen zu neuen Kunden.

Nicht immer jedoch finden Sie auf diesem Weg eine Kommunikationsagentur. Bleibt der Recherche-Weg. Dieser ist – Internet-sei-Dank – heute einfach zu beschreiten. Vom direkten Weg über das Telefonbuch würde ich Ihnen abraten, weil Sie damit keine Kontrolle über das Resultat haben. Welche Agentur oder Einzelberater Ihnen eine Suchmaschine ausspuckt, hängt von verschiedenen Faktoren ab, jedenfalls haben Sie damit keine Informationen über deren Qualität.

Ich schlage Ihnen vor, über die Berufsverbände zu gehen. Einerseits ist dies die Schweizerische PR-Gesellschaft (SPRG) mit dem Schweizerischen Institut für Public Relations (SPRI). Auf deren Sites finden Sie unter anderem Links zu PR-Agenturen. Andererseits gibt es den Bund der Schweizerischen Public Relations Agenturen (BPRA). Letzterer ist der Zusammenschluss der grösseren Agenturen in der Schweiz, das heisst, dass Sie via Internetsite eine Übersicht über diese sowie den Zugang zu deren Websites erhalten.

Für Deutschland und Österreich gibt es analog landeseigene Berufsverbände, die ebenfalls zahlreiche weiterführende Links anbieten sowie für Deutschland den PR-Guide der Gesellschaft Public Relations Agenturen E.V. Eine Übersicht über die wichtigsten Internetadressen finden Sie im Anhang.

Wenn Sie über die entsprechenden Berufsverbände suchen, können Sie davon ausgehen, dass damit eine gewisse Qualität sichergestellt ist. Schwarze Schafe meiden die «offiziellen» Kanäle.

Wenn Sie nun eine erste Liste von in Frage kommenden Agenturen erstellt haben, haben Sie drei Möglichkeiten, eine entsprechende Agentur auszuwählen:

- Sie fordern zunächst schriftliche Unterlagen und Referenzen an oder besuchen deren Homepage.
- Sie laden die Agenturen direkt zu einer Kurzpräsentation ein.
- Sie veranstalten einen Wettbewerb.

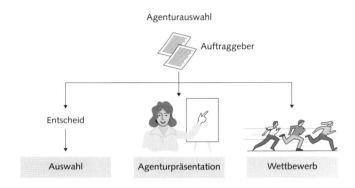

Sie können entweder bereits aufgrund der schriftlichen Unterlagen einen Entscheid fällen. Sehr ratsam ist dies allerdings nicht. Sie sollten die Personen, mit welchen Sie zusammenarbeiten möchten, im Vorfeld zumindest einmal treffen, um Näheres über die Agentur, deren Personal und Leistungen zu erfahren. Es ist üblich, dass der Auftraggeber die in Frage kommenden Agenturen zu sich einlädt. Eher selten, aber recht aufschlussreich, wäre ein Kurzbesuch des potentiellen Auftraggebers bei den Agenturen. Die Wahl der passenden Agentur hängt nicht nur vom Know-how und den Leistungen ab, sondern in hohem Masse auch davon, ob die Chemie zwischen Kunde und Agentur stimmt und ein Vertrauensverhältnis möglich ist. Wenn man bedenkt, wie gross die Rolle des zwischenmenschlichen Bereichs ist, müsste potentiellen Auftraggebenden auch diese Variante empfohlen werden.

2.2 Das Vorgehen

Eine *Agenturpräsentation* ist für Sie kostenlos. Sie dauert etwa 30 Minuten und gibt Ihnen einen Überblick über das Tätigkeitsfeld, die Agenturgrösse, Infrastruktur, Spezialgebiete und Kapazität. Aufgrund der Präsentationen können Sie bereits einen Quervergleich anstellen und eventuell auch Ihre Wahl treffen.

Das aufwändigste Auswahlverfahren ist der *Wettbewerb* (Pitch). Dabei werden einige Agenturen eingeladen, eine bestimmte Aufgabe innert einer gegebenen Frist zu lösen und zu präsentieren. Diejenige Agentur, welche die Aufgabe am besten löst, erhält den Zuschlag. Alle eingeladenen Agenturen, die eine Lösung präsentiert haben, werden mit einer Pauschale entschädigt. Das Prozedere kann unter www.bpra.ch nachgelesen werden. Genannt wird dort eine Entschädigung, die je nach Umfang der Aufgabe zwischen Fr. 10'000 und 25'000 (6'000 bis 15'000 Euro) pro Agentur beträgt. In der Praxis erlebe ich, insbesondere bei kleineren Wettbewerben, Entschädigungspauschalen, die niedriger sind. Die Frage bezüglich der Höhe von Entschädigungen bei Wettbewerben gibt zu Diskussionen Anlass, ebenso die Bedingungen, unter welchen die Rechte an Wettbewerbsarbeiten einem potentiellen Auftraggeber überlassen werden müssen.

Tatsache ist, dass Agenturen (ähnlich wie die Architekten) bei Wettbewerben oft für wenig Geld viel leisten und ihre Ideen einbringen müssen, bei ungewissem Ausgang. Wer puristisch denkt und aus ethischen Gründen auf die Teilnahme an solchen Wettbewerben verzichtet, hat, ökonomisch gesprochen, das Nachsehen. Meist finden sich trotz allem Wettbewerbsteilnehmer, die bereit sind, auf die Bedingungen einzugehen. Grössere Agenturen sind darauf angewiesen, ihr Personal auslasten zu können. Ein Verzicht ist deshalb nicht zuletzt aus wirtschaftlichen Gründen nicht immer möglich.

Was tun? Bei offensichtlich unfairen Bedingungen ist ein Gespräch mit dem Auftraggeber unabdingbar. Vielfach steckt hinter unmöglichen Wettbewerbsbedingungen weniger ein böser «Ideenklauer» als ein unerfahrener Veranstalter, der um einen Tipp froh ist und die Spielregeln nachträglich anpasst.

Ich rate Ihnen, wenn Sie auf *Agenturseite* stehen, nur an Wettbewerben von Aufträgen teilzunehmen, die Ihnen «geheuer» sind.

Vertrauen Sie dem Wettbewerbsveranstalter? Wie gut kennen Sie den potentiellen Auftraggeber? Wenn Sie ein ungutes Gefühl in der Bauchgegend verspüren, lassen Sie es lieber sein.

Stehen Sie auf *Veranstalter- bzw. Auftraggeberseite*, dann informieren Sie sich frühzeitig darüber, wie solche Wettbewerbe durchgeführt werden. Es ist auch nicht verboten, eine Agentur zu kontaktieren und nach den Gepflogenheiten in der Branche zu fragen. Konkurrenzpräsentationen sind für Agenturen sehr aufwändig. Mit zu kurzen Fristen und unnötigen Auflagen verärgern Sie diese. Regeln Sie zudem die rechtliche Situation. Möchten Sie die Rechte an allen eingereichten Arbeiten erhalten? Wie werden Sie vorgehen, wenn Sie zum Beispiel wider Erwarten auf ein Signet aus einer eingereichten Arbeit zurückgreifen möchten?

Agenturen fürchten nichts so sehr, als dass Wettbewerbe für den billigen Ideenklau benutzt werden. Und dies passiert: Nicht selten finden auf den zweiten oder dritten Platz verwiesene Agenturen ihre Ideen oder gar ganze Konzeptteile vom Auftraggeber ohne Entschädigung umgesetzt.

Häufigste Fehler bei der Veranstaltung von Wettbewerben

- Einladung von Agenturen, die das Auftragsvolumen nicht bewältigen können oder nicht in der Kommunikation tätig sind
- Einladung von Agenturen mit dem Auftrag nicht entsprechenden Kommunikationsschwerpunkten
- Einladung von zu vielen Agenturen (maximal drei bis vier)
- Unklare Aufgabenstellung
- Zu kurze Fristen zwischen Briefing und Präsentation
- Keine oder zu niedrige Entschädigung pro Agentur
- Unklare Regelung der Urheberrechte bzw. deren Verwendungsrechte

Das Briefing

Geht man davon aus, dass Konzepterarbeitungen mindestens teilweise aus Kapazitätsgründen ausgelagert werden, muss davor gewarnt werden, die Begleitung der Agentur auf die leichte Schulter zu nehmen. Schon das Auswahlverfahren und Einholen von Offerten für die Erarbeitung des Kommunikationskonzepts ist für den Auftraggeber mit einigem Zeitaufwand verbunden. Ebenso erfordert das nachfolgende Briefing eine seriöse Vorbereitung und auch für die Begleitung während der Konzepterarbeitung müssen die nötigen Zeitressourcen eingeplant werden.

Das umfassende und offene Briefing ist die Voraussetzung für qualitativ gute Konzeptarbeit. Es beinhaltet alle relevanten Informationen zur Unternehmung bzw. Organisation und umschreibt den Auftrag sowie die Zielvorgaben. Dem Auftragnehmenden muss klar sein, was seine Aufgabe sein wird.

Anforderungen an ein Briefing:

- gut strukturiert
- angemessene Materialauswahl und Gewichtung
- interne und externe Faktoren berücksichtigt
- transparente und offene Information des Auftagnehmers (auch unbequeme Fakten offen legen)

Unterlagen

Wer ein Konzept erarbeitet, muss über alle wichtigen allgemeinen intern oder extern eingereichten Unterlagen der Unternehmung verfügen. Das sind zum Beispiel: Geschäftsbericht, Imagebroschüre, Leitbild, Factsheet, Hinweis auf Website, Unterlagen über Sprachregelungen, Corporate Design Manual, Mitarbeiterhandbuch etc.

Zudem müssen je nach Aufgabenstellung, interne Strategiepapiere, relevante Studien oder Zahlenmaterial zum Thema, Statistiken, Monitoringberichte, Pressespiegel, Argumentarien, Kaderbriefe, Übersicht über bisherige Kommunikationsaktivitäten (zum Beispiel Massnahmenpläne), Kampagnen etc. vorliegen.

Diese Aufzählung ist nicht abschliessend. Je nach Branche und Ausgangslage können unterschiedliche Informationen wichtig sein.

Die Erarbeitung des Kommunikationskonzeptes

Nebst den Firmenunterlagen ist ein *Briefingpapier* nützlich, in welchem die Ausgangslage, die Aufgabenstellung, die Zielsetzung und die damit verbundenen Erwartungen sowie zusätzliche Informationen (zum Beispiel das Kommunikationsbudget) schriftlich dargelegt sind. Ebenfalls ist darin der Abgabe- und Präsentationstermin fixiert, allenfalls das vereinbarte Budget, das für die Konzeptarbeit zur Verfügung steht. Bei externen Auftragnehmern sollte eine Auftragsbestätigung erstellt werden, die den Betrag festlegt. Die schriftliche Form des Briefings dient der Absicherung beider Seiten. Sollten sich während der Erarbeitung Probleme ergeben, kann jederzeit auf das Briefingpapier zurückgegriffen werden.

Welche Punkte umfasst ein Briefingpapier?
1. Ausgangslage. Weshalb ein Konzept?
2. Umschreibung der Aufgabe, Zielsetzungen, Erwartungen
3. Unterlagen über die Unternehmung (intern und extern)
4. Detaillierte Informationen zur Unternehmung, die nicht aus den Unterlagen hervorgehen, z. B. die Unternehmenskultur, insbesondere Hinweise auf Missstände, Konflikte, zu erwartende Krisen, aber auch Unternehmensstrategie, neue Geschäftsfelder etc.
5. Auskunftspersonen, Gesprächspartner innerhalb der Unternehmung, eventuell auch ausserhalb (Hinweis auf mögliche eindimensionale Sichtweise)
6. Terminplan
7. Form der Abgabe und Rahmen, in welchem die Präsentation stattfinden wird

Das Briefing sowie die Übergabe von Unterlagen sollten in Form einer *Sitzung* erfolgen. Der oder die Auftragnehmende kann zu einzelnen Punkten direkt nachfragen. Vielfach tauchen im Gespräch weitere, oft informelle Fakten auf, die der Auftraggeber als irrelevant betrachtet, die aber für ein Konzept von Bedeutung sind. Im Briefinggespräch kann zudem das Selbstverständnis der Unternehmung erspürt werden.

Während der Erarbeitungsphase finden laufend weitere Kontakte zwischen Auftraggeber und Agentur statt. Häufig müssen telefonisch zusätzliche Informationen beschafft werden, bei welchen der Auftraggeber behilflich ist. Allenfalls ist sogar ein formelles Re-Briefing nötig, bei welchem Informationslücken geschlossen werden können. Oft findet ein erster, offizieller Kontakt (in Form einer Sitzung oder einer Präsentation) nach der Fertigstellung der Situationsanalyse statt. Damit kann die Agentur bzw. die interne Fachperson sich versichern, dass die Zusammenhänge korrekt interpretiert wurden und die eingeschlagene Richtung stimmt. Ebenfalls bereitet man hier bereits den Boden für die künftig einzuschlagende

Der Weg vom Briefing zum Konzept

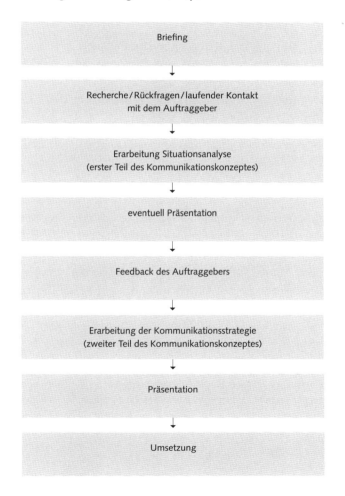

Kommunikationsstrategie. Der Auftraggeber hat nun nochmals eine Möglichkeit, seine Beurteilung einfliessen zu lassen oder bestimmte Hinweise zu geben. Zudem kann der Auftraggeber unangenehme Erkenntnisse oder negative Einschätzungen in zwei Schritten besser verdauen, als wenn ihm eine fertige Analyse mit fixen Lösungsvorschlägen um die Ohren gehauen wird.

Umgang mit Schwierigkeiten
Es gibt Fälle, in welchen die Ausgangslage schon von Beginn weg reichlich schwammig erscheint und Sie nicht ganz klar herausfiltern können, welche Erwartungen der Auftraggeber an Sie hat. Dafür kann es mehrere Gründe geben:

- Der Auftraggeber ist ungenügend vorbereitet.
- Der Auftraggeber hat Mühe mit dem Strukturieren der Informationen.
- Der Auftraggeber hat bestimmte Gründe, weshalb er Ihnen Informationen vorenthält.

Fragen Sie in solchen Situationen unbedingt nach. Vielleicht geht es ja nur darum, dass Sie Ihrem Gegenüber behilflich sein müssen mit der Strukturierung. Haken Sie dort ein, wo Sie «schwarze Löcher» haben. Wenn Sie über zu wenig Informationen über die Unternehmung verfügen, werden Sie nur schwerlich ein gutes Konzept erarbeiten können. Stellen Sie auch explizit klar, dass Sie bei unvollständiger Fakteneinsicht kein seriöses Kommunikationskonzept erarbeiten können. Im Zweifelsfalle sollten Sie sich als externer Partner überlegen, ob Sie den Auftrag unter den gegebenen Umständen ausführen können und wollen.

> Fallbeispiel aus der Praxis
>
> **Briefing im KMU und Verlauf des Dialogs zwischen dem Unternehmer und der PR-Agentur**
>
> *Vor einiger Zeit begann ich für ein KMU zu arbeiten, dessen Kommunikation in den vergangenen Jahren, abgesehen von einigen Inseraten und einer Buswerbung, zum Erliegen gekommen war. An Publikatio-*

nen gab es praktisch nichts, keine Website, keinen Geschäftsbericht, woraus ich Hinweise auf die Firmenidentität hätte ziehen können, nur eine Imagebroschüre, welche etwa zehn Jahre alt war. Zusätzlich hatte der Betrieb, der ungefähr vierzig Angestellte beschäftigt, aber eine kleine Hauszeitung.

Mit dieser Ausgangslage musste ich mich ganz auf das Briefing des Auftraggebers verlassen. Im Vorfeld des Briefinggesprächs vereinbarten wir, dass ich ihm einen Fragenkatalog liefern würde. Mich interessierten das Tätigkeitsfeld (geografisch und fachlich), die Spezialkenntnisse, die Firmenphilosophie, die Anzahl Mitarbeiter, die Firmengeschichte, die Entwicklung in den letzten Jahren, die Hintergründe der brach liegenden Kommunikation, die Gründe für den jetzigen Neubeginn etc. Am Briefing erhielt ich ein Papier, auf welchem sowohl Hard- und Softfacts gemäss meinem Fragenkatalog bereits aufgeführt waren. Dies half enorm, um mir rasch ein Bild des Betriebs machen zu können. Im Gespräch erhielt ich wertvolle zusätzliche Informationen, zum Beispiel, dass die Kommunikation nicht zuletzt vor dem Hintergrund eines schwelenden Generationenkonflikts im Betrieb zum Erliegen gekommen war. Selbstverständlich nahm ich auch die Atmosphäre am Firmensitz auf, die Art, wie ich empfangen wurde, das Personal, die Möblierung, die Farben etc.

Nach dem Briefing führte ich mit dem Betriebsinhaber einen Positionierungsworkshop durch. Zudem führte ich Gespräche mit Kunden, Partnern und Mitarbeitern. Damit erhielt ich wertvolle Hinweise auf das Image der Unternehmung sowie auf den Gap zwischen Eigen- und Fremdwahrnehmung.

Während der Konzepterarbeitungsphase kam immer wieder zum Vorschein, dass der Auftraggeber unsicher war bei der Identifikation der für sein KMU prioritären Marktsegmente. Die Festlegung der Marktsegmente muss aber vom Unternehmer, allenfalls seinen Marketingspezialisten erfolgen. Die PR kann die Profilierung der Unternehmung sowie die Marketingkommunikation nur dann optimal stützen, wenn die Marktstrategie klar ist. Meine Aufgabe als PR-Verantwortliche war es, auf dies hinzuweisen, um nicht allfällige falsche Erwartungen im Zusammenhang mit dem Kommunikationskonzept zu wecken. Wie wir im nächsten Kapitel sehen, muss auf solche im Unternehmen begründeten Defizite frühzeitig hingewiesen werden.

Für wen schreiben wir?

Wer wird Ihr Konzept lesen? Diese Frage sollten Sie sich bereits stellen, wenn Sie noch keine Zeile geschrieben haben. Denn, was Sie Ihrem Auftraggeber empfehlen werden, nämlich zielgruppengerecht zu handeln, sollten Sie auch selbst beherzigen.

Stellen Sie sich Ihr «Publikum» im Geiste vor:

- Welcher Personenkreis ist es?
- Welches sind innerhalb dieses Personenkreises die Schlüsselfiguren, die es zu überzeugen gilt?
- Welchen Wissensstand und welchen Background haben diese? In Bezug auf das Unternehmen? In Bezug auf die PR?
- Kennen Sie deren Einstellungen in Kommunikationsbelangen?
- Mit welchen Hindernissen oder Widerständen müssen Sie rechnen?
- In welcher Tonalität verfassen Sie Ihr Konzept?
- Wie müssen Sie Ihr Konzept strukturieren und entwickeln, um sicherzustellen, dass es richtig verstanden wird?

Je deutlicher Sie sich ein Bild vom Empfängerkreis machen können, desto mehr können Sie bereits bei Ihrer Arbeit auf die Rahmenbedingungen eintreten und Ihr Konzept und später auch die Präsentation diesen anpassen.

Versuchen Sie, beim Briefing und den Zwischenbesprechungen herauszufinden, was Ihre Auftraggeber von Ihnen erwarten. Dies heisst nicht, dass Sie den Erwartungen kritiklos entsprechen müssen. Jedoch erleichtert es Ihre Überzeugungsarbeit, wenn Sie die an Sie gestellten Erwartungen, auch unausgesprochene, erkennen und darauf eingehen können.

Die Situationsanalyse

Definition der Analysefelder

Bei der Situationsanalyse geht es darum, eine treffende Beurteilung der Ist-Situation einer Unternehmung oder Organisation abgeben zu können und damit die Grundlagen für die zu entwickelnde Kommunikationsstrategie zu schaffen. Akribische wissenschaftliche Recherche- und Analyseleistungen sind in den Public Relations nur in seltenen Fällen gefragt. Es gilt, innerhalb einer definierten Zeitspanne mit einem begrenzten Ressourcenaufwand die Problemstellung herauszukristallisieren und daraus die richtigen Schlussfolgerungen zu ziehen.

Die Situationsanalyse muss so aufbereitet werden, dass die Leserinnen und Leser ohne grosses Vorwissen verstehen, worum es geht. Unser Lesepublikum sind Entscheidungsträgerinnen und Entscheidungsträger, die über wenig Zeit verfügen und zügig und mit stringenter Argumentation an Lösungswege herangeführt werden müssen. Dies sollten wir uns während der gesamten Arbeit vor Augen halten.

Die Situationsanalyse beginnt mit der Formulierung der Problemstellung. Im PR-Jargon hat sich dafür die französische Version der Frage durchgesetzt: «*De quoi s'agit-il?*»

Es gibt Organisationen, bei welchen offensichtliche akute Probleme vorhanden sind. Wenn eine Unternehmung beispielsweise aufgrund Ihres zu geringen Bekanntheitsgrads Marktanteile verliert, wird man sie besser profilieren müssen, damit sie auf dem Markt mehr Chancen hat. Bei anderen Unternehmungen läuft oberflächlich gesehen alles bestens, aber es sind interne Probleme vorhanden. Beispiel: Es fehlen die richtigen Fachleute. Man wird also Wege finden müssen, um die Firma so zu positionieren, dass sie die entsprechenden Fachleute anzieht.

Jede Organisation, jede Unternehmung steht in einem äusserst vielfältigen, sich ständig wandelnden Umfeld, innerhalb dessen sie eine unverkennbare Position einnehmen muss, die sie von den Mitbewerbern abhebt.

Nur wenn man sich darüber im Klaren ist, was die Aufgabe ist, kann man diese sinnvoll lösen. Und weiter: Nur wenn man das Spannungsfeld, in welchem eine Organisation bzw. Unternehmung agiert, begreift, kann man Szenarien für die künftige Kommunikation entwickeln.

Was ist eine Situationsanalyse?

Die Situationsanalyse bildet den Grundbaustein des Kommunikationskonzepts. Sie beschreibt den Ist-Zustand der Organisation – und zwar intern als auch in der Beziehung zur Aussenwelt. Es werden die eigenen Stärken und Schwächen, die Chancen und Gefahren sowie die Kommunikationsdefizite aufgezeigt. Ein wichtiger Faktor sind die relevanten Entwicklungen in der Umwelt und der Gesellschaft, welche die Organisation in ihrem Handeln beeinflussen oder eventuell sogar beeinträchtigen könnten. Jede Situationsanalyse endet mit den Schlussfolgerungen für die Kommunikation und dem daraus abzuleitenden Handlungsbedarf.

Die Situationsanalyse besteht aus drei Phasen:

1. Informationssammlung und Recherche
2. Auswertung, Gewichtung des Materials
3. Formulierung der Situationsanalyse
   mit den Schlussfolgerungen

Die Situationsanalyse ist der zentrale Konzeptpunkt. Wird hier unsauber gearbeitet, gehen wichtige Details oder Erkenntnisse verloren, die später nicht in die Strategie und Massnahmen einfliessen können.

Oft ergeben sich bereits während der Recherchephase Unklarheiten bezüglich des methodischen Vorgehens. Zwar liegen ein Briefing des Auftraggebers sowie diverse Materialien vor. Auch Ideen, wo weiter recherchiert werden könnte, sind vorhanden. Nun gilt aber auch während der Analysephase, was für das gesamte Kommunikationskonzept gilt: Wer ohne Ziel lostrabt, weiss nicht, wo er wann ankommen will. Einfacher geht es, wenn Sie Ihre Analysefelder von Beginn weg umreissen. Zum Beispiel:

1. Interne Kommunikation
2. Externe Kommunikation der Unternehmung
   (Corporate Communications, Corporate Behavior,
   Corporate Design)
   und Imageanalyse
3. Kommunikationsrelevante Einflussfelder
   ausserhalb der Organisation

Um Ihnen die Arbeit an der Situationsanalyse zu erleichtern, finden Sie im folgenden Checklisten mit Fragen für die interne und externe Kommunikation. Diese sind in allgemeiner Form gehalten und sollen als Anregung dienen. Zur Qualitätssicherung Ihrer eigenen Arbeit sollten Sie sich überlegen, mit welchen Fragen Sie die allgemeinen Fragenkataloge für Ihre spezifische Ausgangslage ergänzen müssen.

■ *Interne Kommunikation*

- Welche internen Kommunikationskanäle und -mittel gibt es?
- Welches Image hat die Organisation bei den Mitarbeitenden?
- Welche Unternehmenskultur lebt und pflegt die Organisation (Rituale, Gepflogenheiten, vermittelte Werthaltung)?
- Wie funktioniert die Kommunikation zwischen der Geschäftsleitung und den Mitarbeitenden?
- Wie ist das Betriebsklima?
- Was wissen die Mitarbeitenden über die Philosophie der Organisation?
- Finden auch informelle Veranstaltungen oder Freizeitaktivitäten statt?
- Wie hoch ist die Fluktuation?
- Gibt es Aussagen oder Statistiken über die Nutzung des Intranets?

- *Externe Kommunikation der Unternehmung und Image*
  Die Unternehmung bzw. Organisation kommuniziert laufend und übermittelt so ein Bild ihrer Organisationspersönlichkeit nach aussen. Sie tut dies nebst den Kommunikationsaktivitäten (Corporate Communications) mit ihrem Design (Corporate Design) und mit ihrem Verhalten als Organisation (Corporate Behavior). Diese drei Aspekte machen die Unternehmenspersönlichkeit, die Corporate Identity, aus.

Die Corporate Identity

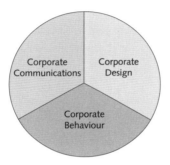

Interessant ist es einerseits, die Kommunikationsaktivitäten und die Kommunikationsinhalte zu analysieren, andererseits diese der Wahrnehmung der Unternehmung von aussen gegenüber zu stellen (Eigen- und Fremdbild).

Dazu helfen die folgenden Fragen:

Externe Kommunikation
- Welche Kommunikationskanäle und -mittel nutzt die Organisation für die externe Kommunikation?
- Wie ist der externe Auftritt?
  Bezüglich CD? Bezüglich Verhalten?
- Wieviele Blindbewerbungen hat die Organisation?
- Welche Organisationskultur herrscht?
  (Verhalten, Sprache, Rituale, Telefonbedienung, Offenheit bei externen Medienanfragen etc.)

2.3 Situationsanalyse

- Welches Bild haben die Opinion Leaders, Beeinflusser, Lieferanten und potentiellen Mitarbeiter von der Organisation?
- Wie wird die Organisation von den Kunden wahrgenommen?
- Wie steht es mit Service- und Dienstleistungen?
- Wie ist die Medienberichterstattung?
- Wie wurden frühere Krisen in Bezug auf die Kommunikation gemeistert?
- Wie hoch ist die Zugriffsrate auf die Website?

Nach der internen und externen Analyse ist eine Einschätzung des Ist-Zustandes der Unternehmung oder Organisation möglich. Im Kapitel *Gewichtung des Materials und Schlussfolgerungen*, S. 54, erhalten Sie Hinweise zur möglichen Darstellung der Ergebnisse.

- *Kommunikationsrelevante Einflussfelder ausserhalb der Organisation*
Jede Organisation ist von aussen her verschiedenen Einfluss- und Wirkungsfeldern (auch Umweltsphären oder Orientierungsumwelten genannt) ausgesetzt. Um die Recherchearbeit auf das Nötige zu beschränken, ist es sinnvoll, diese Felder zu lokalisieren. Daraus ergeben sich auch die Hinweise auf die für die Unternehmung oder Organisation relevanten Dialoggruppen. Auf diese wird im Kapitel 2.5 noch ausführlicher eingegangen. Bewährt hat sich für die Lokalisierung der Einfluss- und Wirkungsfelder die Aufteilung nach TONDEUR/WÄLCHLI:[3]

- *Beschaffungsmarkt*
  In diesen Bereich gehören alle Faktoren, die die Beschaffung von Ressourcen durch das Unternehmen beeinflussen. Zum Beispiel: Bedingungen auf dem Rohstoffmarkt, Arbeitsmarktlage und Verfügbarkeit von geeignetem Personal, Vorhandensein von potentiellen Geldgebern etc.
  Daraus lassen sich auch Dialoggruppen ableiten, die zu diesem Bereich gehören. Zum Beispiel: Mitarbeitende, Aktionäre, Banken, Lieferanten etc.

- *Absatzmarkt*
  Die Unternehmung muss ihr Produkt bzw. ihre Dienstleistung auf verschiedenen Kanälen absetzen. Auch hier ergeben sich entsprechende Einflussfelder: Wirtschaftslage, Preisgefüge auf dem Markt, Stimmung bei Grossisten, Zwischenhandel, Konsumentenverbänden etc. Entsprechend sind auch im Bereich Absatzmarkt Dialoggruppen zu finden: Kunden, Branchenverbände, Konsumentenverbände etc.

In den genannten beiden Bereichen finden die Austauschvorgänge der Unternehmung statt, man nennt sie deshalb auch «*Transaktionsumwelt*».

- *Sozioökonomische Umwelt*
  Dazu zählen alle Bereiche, welche für die Unternehmung ausserhalb der eigenen Sphäre wichtig sind oder es werden könnten. Man nennt diese auch *Orientierungsumwelten*. Dazu gehören:

- Wirtschaftsumwelt
- Politische Umwelt
- Technologische Umwelt
- Soziale Umwelt
- Ökologische Umwelt
- Kulturelle Umwelt

In jeder dieser Umwelten sind zu einem späteren Zeitpunkt der Konzeptarbeit Dialoggruppen zu finden, die für die Unternehmung bzw. Organisation wichtige Kommunikationspartner sind.

In den drei Bereichen kann nun die Situation hinsichtlich relevanter Entwicklungen für die Unternehmung untersucht werden.

Absatzmarkt

- Wie ist die wirtschaftliche Entwicklung?
- Gibt es Einflüsse, die sich direkt auf den Markt bzw. auf das Produkt bzw. die Dienstleistung auswirken?
- Gibt es Entwicklungen in der Forschung bzw. der Technologie, die relevant sind oder es werden könnten?

Beschaffungsmarkt

- Wie ist der Trend im Human Resources Bereich? Ist der Markt für Fachpersonen ausgetrocknet? Oder wird der Markt von Fachleuten überschwemmt?
- Wie sind die Bedingungen für die Rohstoffbeschaffung bzw. für den Einkauf von Dienstleistungen?

Sozioökonomische Umwelt

- Welche Entwicklungen bahnen sich im Bereich der Gesetzgebung an, die für die Organisation relevant sind?
- Gibt es politische oder allgemein gesellschaftliche Entwicklungen, die relevant sind oder es werden könnten?
- In welchen Bereichen könnten sich Entwicklungen anbahnen, die Krisenkommunikation erforderlich machen könnten?

Fallbeispiel aus der Praxis

Situationsanalyse für städtische Bauprojekte auf engem Perimeter

Ausgangslage

Es handelte sich um ein stark verkehrsbelastetes Quartier mit multikultureller und demografisch heterogener Bewohnerschaft (betagte Schweizerinnen und Schweizer, jüngere Immigranten, häufig Familien) in einer Schweizer Stadt. Innerhalb von wenigen Jahren sollte in dem Quartier eine ganze Reihe von städtischen Bauvorhaben auf einem engen Perimeter realisiert werden. Das Ziel war, die Infrastruktur im Quartier nachhaltig zu verbessern.

Aufgabenstellung

Das Projekt beinhaltete die Erweiterung, die Renovation und die Neuerstellung von Schulgebäuden, die Sanierung von städtischen Wohnungen und die Errichtung eines neuen Parks. Teilweise war die Zustimmung der Stadtbevölkerung in einer Volksabstimmung nötig.

Die Bevölkerung sollte über die einzelnen Bauvorhaben und deren Immissionen rechtzeitig informiert werden. Zudem ging es den städtischen Behörden darum, das Verständnis zu wecken und Vertrauen für die finanziell aufwändigen Bauvohaben zu schaffen.

Situationsanalyse / Fazit

Aus der Situationsanalyse ergab sich folgendes Bild:

- Das Projekt war umfassend, ämterübergreifend und komplex. Dies und der lange Zeithorizont machten es gegen aussen hin schwer vermittelbar.
- Eine homogene Kommunikation aufgrund des breiten Spektrums von Dialoggruppen war nicht möglich. Die Kommunikation sollte dialoggruppenorientiert erfolgen.
- Alleine auf Schriftlichkeit basierende Kommunikation war aufgrund der Sprachenvielfalt und der grösseren Gruppe betagter Menschen nicht optimal. Es mussten andere Kanäle hinzugezogen werden.
- Dem Quartier, zu dem der genannte Perimeter zählt, fehlte ein profiliertes Image und eine einheitliche Quartieridentität.
- Es musste mit kritischem Interesse von politischer Seite, Opinion Leaders und Medien gerechnet werden.

Lösungsansatz / Strategie

Kommunikation auf verschiedenen Schienen: Erlebnisse schaffen, um zu informieren und die Quartieridentität zu stärken mittels kleinerer, niederschwelliger Events. Flankierend Publikationen, Medienarbeit und Website.

Die Kommunikation erfolgte kontinuierlich und weitgehend analog zum Baufahrplan.

Konkrete Massnahmen

Als Basisinformationsmittel wurde ein zweimal jährlich erscheinender Newsletter eingesetzt, der an die Haushalte im Perimeter verteilt wurde. Weiter fanden regelmässig, ein- bis zweimal pro Jahr Informationsveranstaltungen und kleinere Events statt:

- Standaktionen
- Vernissagen
- Sommerfest
- Quartierführungen etc.

> Flankierend wurden die Informationen auf der städtischen Website publiziert und Medienarbeit auf der lokalen Ebene gemacht. Für die Mieterinnen und Mieter der städtischen Wohnungen kamen spezielle Massnahmen zum Einsatz:
>
> - Direkte Informationen in die Briefkästen
> - Informationsveranstaltungen
> - Anlaufstelle (Mieterbüro)
>
> *Besondere Herausforderungen*
> Die Fremdsprachigen zu erreichen. Massnahmen:
>
> - Leicht verständliches 3D-Modell in den Publikationen
> - Versuchsweise Einsatz von Dolmetschern an den Veranstaltungen
> - Standaktionen und Feste zum Abbau von Schwellenängsten
> - Massnahmen via Schulen, um über die Kinder auch die Eltern zu erreichen

Recherchemethoden in den Public Relations

Wie wir vorgängig gesehen haben, ist die Recherche ausserhalb der Organisation notwendig, um ein umfassendes Bild der Situation zu erhalten. Wie weit diese Recherche gehen muss, liegt im Ermessen der Konzepterin bzw. des Konzepters. Es wird kleinere Kommunikationskonzepte oder Teilkonzepte geben, bei welchen eine «Desk Research», das heisst das Einholen von Zusatzinformationen vom eigenen Schreibtisch aus, genügt. Meist konzentrieren sich diese Recherchen auf die Beschaffung von weiterem schriftlichem Material, das zur besseren Beurteilung der Lage herangezogen wird.

Oft ist solches Material aber nur beschränkt vorhanden oder – je nach Fall – wenig aufschlussreich. In den PR geht es vielfach darum, herauszufinden, wo der Schuh drückt und welche Bedürfnisse vorhanden sind. Deshalb empfiehlt es sich häufig, den Schreibtisch zu verlassen und eigene Eindrücke, zusätzliche Stimmen und Beurteilungen einzuholen («Field Research»). Die häufigste Methode ist, Gespräche mit Exponenten aus den Dialoggruppen oder Beeinflussern, Fachexpertinnen, Exponenten der Organisation selbst etc. zu führen.

Die Erarbeitung des Kommunikationskonzeptes

Desk Research

Verschiedene Informationen können direkt vom Schreibtisch aus eingeholt bzw. verarbeitet werden. Zum Beispiel:

- Website
- Publikationen wie Geschäftsbericht, Imagebroschüre, Personalzeitung
- Medienberichterstattung (elektronische Medienarchive)
- Brancheninformationen (Verbände)
- Fachzeitschriften
- Themenrelevante Statistiken
- Meinungen
- Basisinformationen, zum Beispiel aus Nachschlagewerken
- Informationen zur Konkurrenz (deren Websites, Publikationen, etc.)

Diese Informationen können im Zeitalter des Internets leicht und rasch beschafft werden. Informationsquellen sind zum Beispiel:

- Firmenarchiv bzw. Archiv der Organisation
- Medienarchive (elektronische)
- Bibliotheken
- Externe Archive
- Amt für Statistik
- Verbandssekretariate
- Suchmaschinen auf dem Internet
- Nachschlagewerke

Auch eigene telefonische Umfragen können ein effizientes und kostengünstiges Instrument sein, um Meinungen und Inputs einzuholen. Oft erhalten Sie damit innert nützlicher Frist ein Stimmungsbild. Allerdings bewegen wir uns hier im nicht-repräsentativen Bereich, was Sie auch Ihren Auftraggebern so deklarieren müssen.

Field Research

Wenn wir von der «Feldrecherche» sprechen, muss gleich vorweg genommen werden: PR ist keine exakte Wissenschaft. Ausserdem ist der Kunde in den seltensten Fällen bereit oder in der Lage, vorgängig zum Kommunikationskonzept eine umfassende Studie oder Marktanalyse in Auftrag zu geben. Dies ist oft auch gar nicht nötig.

In den Public Relations geht es darum, die Kommunikationsbeziehungen und die Information so zu organisieren, dass die Schere zwischen dem Eigen- und dem Fremdbild der Unternehmung möglichst gering gehalten werden kann und das Image der Unternehmung bzw. der Organisation im Optimalfall zu deren Werterhaltung oder -vermehrung beiträgt.

Das Ziel einer Feldrecherche ist, dass die Verfasserin oder der Verfasser eines Kommunikationskonzeptes zusätzlich externe Beurteilungen zur Wirkung der Organisation einholen kann, sich also nicht allein auf deren Aussagen oder schriftliche Quellen abstützen muss, wenn es um die Beurteilung der Kommunikationsleistungen geht. Selbstverständlich ist das Briefing durch den Kunden geprägt von seinen eigenen Wahrnehmungen und Wertvorstellungen. Die Publikationen sind Ausdruck des Selbstverständnisses der Organisation. Die Feldrecherche trägt zur Ermittlung der Schere zwischen Eigen- und Fremdbild bei.

Es gibt verschiedene Wege, um eine Feldrecherche zu machen:

- Besuch von Veranstaltungen oder Messen des Auftraggebers als unbehelligter Teilnehmer
- Interviews mit Personen, die in Beziehung mit der Unternehmung stehen (intern: zum Beispiel Mitarbeiter, extern: zum Beispiel Partner, Lieferanten, Kunden etc.)
- Gespräche mit Branchenexperten oder Opinion Leaders (Beeinflusser)
- Stiller Beobachter im Unternehmen für eine gewisse Zeitspanne
- Besuch von Veranstaltungen der Mitbewerber

Eine effiziente Form, Informationen zum Fremdbild einer Organisation zu erhalten, sind Gespräche. Diese finden in Form von qualitativen Interviews statt. Das heisst, Sie wählen geeignete Interviewpartner, möglichst solche mit kritischer Distanz zur Organisation aus und gehen mittels strukturiertem Fragenkatalog vor. Wählen Sie offen formulierte Fragen, die von Ihrem Interviewpartner nicht mit ja oder nein beantwortet werden können. Ihr Ziel muss es sein, den Gesprächspartner mit Ihren Fragen zum Sprechen zu bringen. Er soll möglichst viel seiner Haltung gegenüber der Organisation preisgeben. Wieviel Sie aus solchen Interviews herausholen können, hängt nicht zuletzt von der richtigen Wahl Ihrer Gesprächspartner, Ihrer Fragetechnik und Ihrer Hartnäckigkeit ab. In der Praxis habe ich oft festgestellt, dass eine relativ geringe Anzahl Personen ausreicht, um Informationen zum Fremdbild einer Organisation zu erhalten. Sie müssen also nicht Hunderte von Personen interviewen, um ein einigermassen stimmiges Bild zu erhalten. Denken Sie bereits bei der Entwicklung eines Fragenkatalogs daran, dass Sie die Antworten nachher auch auswerten müssen. Mit zu umfassenden und zu komplexen Fragekatalogen wächst auch Ihre anschliessende Auswertungsarbeit.

▶ **Tipp**
Welche Aktivitäten Sie für Ihre Feldrecherche auch wählen: Nicht ganz unwichtig ist dabei der Budget- und der Zeitfaktor. Es ist selten von beidem genug da. Das heisst: Konzentration auf das Wesentliche. Wenn zuerst ein halbes Jahr Interviews geführt und anschliessend ausgewertet werden müssen, führt dies zu einer längeren Verzögerung, bis Massnahmen in die Wege geleitet werden können. Wenn wir davon ausgehen, dass Konzepte meist vor dem Hintergrund eines konkreten Problems oder Bedürfnisses erstellt werden, sind solch lange Konzeptphasen nicht erwünscht.

Die enge zeitliche Begrenzung bei Kundenaufträgen ist eine Realität. Es gilt, innerhalb eines definierten Zeitrahmens die Situation richtig zu erfassen, die Defizite und den Handlungsbedarf aufzuzeigen und im Anschluss daran geeignete Massnahmen vorzuschlagen. Es lohnt sich daher, die Situationsanalyse bereits im Vorfeld genau zu planen und die ungefähren Stundenaufwände zu berechnen. Ohne Planung läuft man Gefahr, dass man sich zu sehr verzettelt und die Arbeit ausufert. Deshalb ist es auch so wichtig, das Ziel, das es zu erreichen gilt, nicht aus den Augen zu verlieren.

Die Auswertung

Das Material und eigene Eindrücke zu sammeln sowie Gespräche zu führen ist das eine. Irgendwann aber beginnt sich der Kreis zu schliessen, jede weitere Information bestätigt im Grunde eine bereits vorhandene. Es ist Zeit, mit der Auswertung zu beginnen. Oft liegt jedoch in diesem Übergang zum nächsten Schritt ein Problem.

Gerade wenn es sich um umfangreiche Dossiers handelt, taucht spätestens jetzt die Frage nach der Methodik auf.

- Wie katalogisiert man das Material?
- Auf welche Weise wird es geordnet, um daraus die richtigen Schlussfolgerungen zu ziehen?
- Wie muss die Situationsanalyse aufbereitet werden, dass sie übersichtlich und schlüssig ist?

Ablage / Gewichtung des Materials

Es gibt verschiedene Methoden, das Material abzulegen. Während der Arbeit an einem Konzept ist es wichtig, dass alles Material flexibel bleibt und leicht zu verschieben ist. Es empfiehlt sich deshalb die Anlage einer Hängeregistratur für Konzepte. Die Einteilung kann nach Struktur der Situationsanalyse erfolgen:

a) Interne Kommunikation
b) Beschaffungsmarkt
c) Absatzmarkt
d) Soziökonomische Umwelt
e) Externe Kommunikation
   (Corporate Communications, Corporate Behavior, Corporate Design)

Ergänzen Sie diese Einteilung mit den Fächern

f) Strategie
g) Massnahmen

Die Erarbeitung des Kommunikationskonzeptes

▶ **Tipp**
Schreiben Sie Ihre Beobachtungen, Beurteilungen und Ideen während der Arbeit auf und legen Sie diese ins betreffende Fach oder elektronisch ab (siehe nachfolgendes Kästchen). Oft entstehen während der Lektüre von Material «Geistesblitze», die sonst verloren gingen.

Methoden, um wichtige Beobachtungen oder Zusammenfassungen zu notieren

- *Karteikarten*
  Altmodisch, müssen mühsam abgeschrieben werden, sind jedoch handlich und übersichtlich.

- *Elektronische Notizen*
  Rasches Ordnen möglich, weniger übersichtlich, da nicht physisch vorhanden, können aber rasch übernommen und an beliebiger Stelle eingesetzt werden.

- *Post-it-Zettel*
  Eignet sich als Unterstützung, zu aufwändig, wenn die bezeichneten Passagen während der Formulierung des Konzepts herausgesucht werden müssen. Im Endeffekt legen Sie ebenfalls Kärtchen oder elektronische Notizen an.

Hilfsmittel für die Gewichtung: Positionierungskreuz und Stärken-/Schwächen-Analyse (SWOT)

Sie werden während Ihrer Arbeit feststellen, dass die Erfassung wichtiger Ergebnisse auf einen Blick eine grosse Hilfe ist.

Sie schaffen damit gute Voraussetzungen für die Akzeptanz Ihrer Resultate.

In den Public Relations setzt man häufig die «SWOT-Analyse» ein. SWOT ist die Abkürzung für «strenghts/weaknesses – opportunities/threads».

2.3 Situationsanalyse

Stärken	Schwächen
■	■
■	■
Chancen	Gefahren
■	■
■	■

Stärken-Schwächen-Modelle bieten eine gute Möglichkeit, die Fakten zu gewichten. Dabei beziehen sich die Stärken und Schwächen direkt auf das Unternehmen. Die Chancen und Gefahren beziehen sich auf die möglichen Einflüsse, die aus der Umwelt auf die Unternehmung/Organisation einwirken können.

Eine weitere Möglichkeit ist das Positionierungskreuz, mit welchem Sie den Ist- und den Soll-Zustand Ihrer Unternehmung auf einen Blick darstellen können. Sie wählen für jede Achse eine zentrale Eigenschaft aus. Der Pluspol ist die positive Aussage, der Negativpol repräsentiert die gegenteilige Eigenschaft. Sie können nun auf beiden Achsen die Punkte bestimmen, auf welchen Ihre Unternehmung jetzt steht. Anschliessend definieren Sie, wo die Unternehmung in Zukunft ankommen sollte.

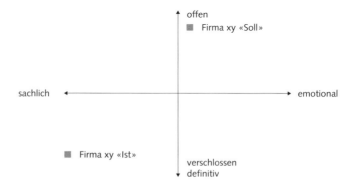

Gewichtung des Materials und Schlussfolgerungen

Nachdem wir nun das Material gesammelt und sinnvoll geordnet haben, ist bereits ein wichtiger Teil der Arbeit geleistet. Häufig kommen an diesem Punkt Zweifel auf: Ist auch wirklich alles relevante Material vorhanden, hätten nicht noch weitere Faktoren einbezogen werden müssen? Diese Zweifel sind normal. Wurde bis zum jetzigen Zeitpunkt seriös gearbeitet, besteht kein Grund zur Annahme, dass zentrale Informationen nicht beachtet worden wären. Wichtig ist, dass man sich ein einigermassen umfassendes Bild der Situation machen kann und der Handlungsbedarf aufgezeigt wird.

Der Anspruch auf totale Vollständigkeit kann im Rahmen eines Kommunikationskonzeptes nicht eingelöst werden. Zu vielschichtig und komplex sind die Beziehungen, in welchen eine Unternehmung oder Organisation agiert. Wird dieser Anspruch aufrecht erhalten, kann dies auf den Verlauf der Arbeit lähmend wirken. In den PR ist – im Gegensatz zur wissenschaftlichen Arbeit – aber oft eine pragmatische Betrachtungs- und Vorgehensweise gefragt.

Kehren wir nun zu der eingangs erwähnten Ausgangslage zurück. Wie kann man nun die gemachten Beobachtungen so aufbereiten, dass sie auch für Aussenstehende nachvollziehbar werden?

Appetitliche Häppchen statt die ganze Pfanne

Ihr Kommunikationskonzept sollte lesbar sein. Die Beurteilung des Zustands einer Organisation, ihrer Situation und zukünftigen Herausforderungen ist etwas Spannendes. Das Konzept muss die Verantwortlichen überzeugen, dass sich professionelle Kommunikationsarbeit bezahlt macht.

Vermeiden Sie deshalb lange Lauftexte. Gliedern Sie Ihren Stoff stark auf und fügen Sie, wo sinnvoll, Tabellen und Aufzählungen ein. Auch Sie selbst können sich daran besser orientieren.

Die Gliederung der Situationsanalyse

Belassen Sie es nie bei einer einmaligen Durchsicht Ihres gesamten Materials. Reservieren Sie sich ausreichend Zeit und machen Sie vielmehr eine physische Auslegeordnung. Bewährt hat sich das Arbeiten mit Randnotizen. Notieren Sie sich am Rande eines

Schriftstücks, für welches Kapitel, für welchen Gedankengang die Passage wichtig ist. Bei einem Kommunikationskonzept, das auf umfangreichem Material basiert, sollten Sie Verweise auf wichtige Passagen in Ihre physische oder elektronische Kartei aufnehmen.

Machen Sie als Erstes eine Schnelldiagnose:

- Welchen Gesamteindruck habe ich?
- Wo liegt das Kernproblem?
- Wo liegen die Potenziale?
- Wo liegen die «Minenfelder»?

Vertrauen Sie auf Ihren ersten Eindruck. Oft spüren Sie bereits im Bauch, wo das Problem liegt, obwohl Sie sich noch gar nicht eingehend mit dem Material beschäftigt haben und Ihre Gefühle rational noch gar nicht begründen können. Dennoch müssen Sie natürlich die Fakten beachten. Stossen Sie auf «Beweise», die Ihr Bauchgefühl stützen oder müssen Sie Ihren Eindruck korrigieren? Im Zweifelsfalle sollten Sie eine andere Fachperson beiziehen und Ihre Ansicht absichern. Versuchen Sie nicht, eine von Ihnen aufgestellte These unbedingt mit Fakten zu untermauern.

Ist alles Material gesichtet, ist es empfehlenswert, eine Gewichtung und eine Reihenfolge in dieses hineinzubringen.

Gewichten Sie Ihre Beobachtungen und stellen Sie eine Art Inhaltsverzeichnis auf, welche Aussagen Sie innerhalb dieser Einheit machen möchten und in welcher Reihenfolge. Was ist Ihnen besonders wichtig? Denken Sie immer daran, dass Sie gegenüber Ihren Leserinnen und Lesern einen Wissensvorsprung haben und deshalb Ihre Gedankengänge möglichst übersichtlich und nachvollziehbar darstellen müssen. Erst, wenn Sie diese so genannte «Outline» erstellt haben, beginnen Sie mit dem Formulieren Ihres Konzeptes. Damit stellen Sie sicher, dass Sie bei umfangreichen Arbeiten die Übersicht über das Material behalten. Auch bei Konzepten mit weniger Material ist es ratsam, vor dem Schreiben eine Outline, also eine Argumentationslinie zu erstellen.

▶ **Tipp**
Vorsicht bei nicht kommunikationsrelevanten Problemen
Aus der Situationsanalyse gehen oft Probleme hervor, deren Ursachen systembedingt und deshalb mit Kommunikationsmassnahmen nicht zu lösen sind. Trennen Sie in diesem Fall die unternehmerischen Probleme von denjenigen, die kommunikationsrelevant sind und machen Sie explizit darauf aufmerksam. Sie können diese vor der SWOT-Analyse bereits ausgliedern. Wichtig ist, dass für den Lesenden klar wird, wo es um Kommunikationsprobleme geht und wo nicht.

DÖRRBECKER[4] weist darauf hin, dass sich die Konzepterin oder der Konzepter an diesem Punkt entscheiden muss, wie ehrlich er oder sie dem Kunden gegenüber auftritt. Tatsächlich gibt es Kunden, die zwar eine Situationsanalyse bzw. ein Kommunikationskonzept in Auftrag geben, jedoch nicht unbedingt die ganze Wahrheit auf dem Tisch haben möchten. Es braucht etwas Fingerspitzengefühl, um herauszuspüren, welche Motivation hinter dem Wunsch nach einem Kommunikationskonzept steht.

▶ **Tipp**
Dieses Problem in jedem Falle ansprechen, jedoch dem internen oder externen Auftraggeber die Entscheidung überlassen, ob er grundsätzlich oder nur kosmetisch arbeiten will. Wählt er die kosmetische Variante, sollte er in jedem Falle nochmals darauf hingewiesen werden, dass die Wirkung der Massnahmen auf diese Weise nicht optimiert werden kann.
Als Auftragnehmer/-in müssen Sie sich aber auch überlegen, ob eine weitere Zusammenarbeit auf rein kosmetischer Basis für Sie Sinn macht. Für eine Agentur beispielsweise kann es imageschädigend sein, bei einem Kunden lediglich im kosmetischen Bereich tätig zu sein. Jedoch muss auch der wirtschaftliche Aspekt einbezogen werden. Nicht jede Agentur kann es sich leisten, solche Kunden einfach abzulehnen. Hier muss jeder Kommunikationsprofi selber wissen, wie weit er gehen will.

2.3 Situationsanalyse

Manchmal ist ein pragmatisches Vorgehen lohnenswert: Wenn Sie weiterarbeiten, gelingt es Ihnen vielleicht, schrittweise Einfluss zu gewinnen und Ihren Kunden von einer nachhaltigeren Kommunikationsstrategie zu überzeugen.

Fazit

Der Abschluss der Situationsanalyse bildet das Fazit. Dieses beinhaltet in der Regel zwei bis fünf Schlussfolgerungen, die aus der Situationsanalyse hervorgehen.

Eine wichtige Rolle spielt die SWOT-Analyse, die bereits erwähnt wurde. Diese diente bereits dazu, die Fakten aus der Situationsanalyse zu verdichten und zu ordnen. Das Fazit darf nun nicht einfach eine Wiederholung von Punkten aus der SWOT-Analyse sein, sondern muss im Sinne einer Interpretation nochmals einen Schritt weitergehen.

- Welche Kommunikationsdefizite sind auszumachen?
- Welches ist die Diagnose, die Sie Ihrem «Patienten» stellen?

Wichtig ist, dass Sie in den Faziten die Kommunikationsdefizite bzw. den Handlungsbedarf auf den Punkt bringen. Das heisst, dass auch die Formulierungen präzise sein müssen. Ausserdem ist es empfehlenswert, nicht beliebig viele Fazite zu formulieren, weil sie sich in der späteren Arbeit sonst verzetteln werden.

▶ **Tipp**
Massnahmen bei zu vielen Faziten
Vielleicht haben Sie die Fakten noch nicht genügend verdichtet und interpretiert. Versuchen Sie, Ihre Schlussfolgerungen thematisch zu gruppieren. Sind es wirklich zehn verschiedene Themen? Oder lassen sich die verschiedenen Schlussfolgerungen eventuell auf wenige Hauptprobleme zurückführen?

> **Beispiel für ein Fazit**
>
> - Das Projekt braucht intern eine starke Lobby, damit es den Weg bis zum Verwaltungsrat schafft und dort genehmigt wird. Entsprechend hoch ist der Bedarf an sorgfältig geplanter interner Kommunikation.
> - Die lange, teilweise erfolglose Projektierungsdauer hat dem Projekt den nötigen Schwung genommen. Es besteht ein hoher Kommunikationsbedarf, um das Vertrauen bei allen Dialoggruppen wiederherzustellen und die (Vor-)Freude auf ein neues «Wahrzeichen» zu wecken.
> - Das Projekt vereinigt wesentliche Stärken auf sich: Es wird getragen von glaubwürdigen, finanziell abgesicherten Investoren und ist eine Chance für eine positive Stadtentwicklung. Diese Stärken müssen in der Kommunikation entsprechend genutzt werden.

Als Zusammenfassung nochmals die Aufzählung der für die Situationsanalyse wichtigen Punkte:

1. Schilderung Ausgangslage und Auftrag
2. Aussagen zur bisherigen internen Kommunikation
3. Aussagen zur bisherigen externen Kommunikation
4. Aussagen zum sich daraus ergebenden Image
5. Aussagen zu den Trends und Entwicklungen in den relevanten Umwelten
6. Ausgliederung nicht kommunikationsrelevanter Aspekte
7. Stärken/Schwächen – Chancen/Gefahren-Profil
8. Schlussfolgerungen in Bezug auf die Kommunikationsdefizite und den Handlungsbedarf

Wir wissen jetzt, wo es noch klemmt. Wir haben eine saubere Analyse gemacht und eine Diagnose gestellt. Die Lage ist also aussichtsreich. Wir haben nun die Chance, uns aufgrund der Ausgangslage realistische Ziele zu stecken, die mit einem vernünftigen Mittel- und Resouceneinsatz erreichbar sind. Darum soll es in den folgenden Kapiteln gehen.

Ziele erreichen kann nur, wer Ziele hat

Wir haben nun ein Fazit aus der Situationsanalyse gezogen, haben also Kommunikationsdefizite aufgedeckt und sind bereit, aus der Sachlage heraus in die Zukunft zu schauen. Man könnte nun meinen, dass aus den erkannten Defiziten die Zielsetzungen quasi «automatisch» hervorgingen. Es lohnt sich jedoch, die Zielsetzungen sehr sorgfältig zu formulieren, denn mit Ihnen definieren wir sozusagen den «Erfolg» den wir erzielen werden.

Ein PR-Ziel beschreibt den *Zustand*, welchen die Unternehmung bzw. Organisation mittels geeigneter Massnahmen erreichen soll. Ziele müssen *realistisch und überprüfbar* sein. Idealerweise muss man sie messen können. Sie müssen auf die Unternehmenszielsetzungen abgestimmt sein.

Alle Zielsetzungen, die wir innerhalb unseres Kommunikationskonzeptes definieren, müssen in Einklang mit den allgemeinen Unternehmenszielsetzungen stehen. Die Ziele, die in einem Kommunikationskonzept definiert werden, sind PR-, nicht Marketingziele.

- Die PR verstehen eine Unternehmung als ein Akteurin innerhalb der Wirtschaft und der Gesellschaft, die für ihr Handeln die Verantwortung übernimmt. Die Unternehmung tritt deshalb in Beziehung (Relations) mit allen für sie wichtigen Beziehungsgruppen und profiliert sich dort als diejenige Unternehmenspersönlichkeit, die sie innerhalb dieses Systems sein möchte.

- Eine Unternehmung, die sich nicht als Teil der Gesellschaft definiert, wird der PR diese gesellschaftspolitische Funktion absprechen und die PR somit höchstens zur Unterstützung der Marketingziele und damit zur Absatzförderung einsetzen.[5]

Aus diesen Feststellungen heraus erklärt sich, weshalb in manchen Organisationen die Public Relations solch einen geringen Stellenwert geniessen und sich in einem dauernden «Kampf» mit dem Marketing befinden. Oft verwischen aus diesem Grund auch die Inhalte der Zielsetzungen. Sie tun gut daran, Ihre Zielsetzungen immer wieder darauf hin zu überprüfen, ob Sie sich noch innerhalb der Public Relations befinden.

> **Beispiel**
>
> Eine Fast-Food-Kette setzt sich folgende Marketingziele:
> 1. Steigerung des Absatzes von Hamburgern um 3 Prozent.
> 2. Erhöhung des Marktanteils in der Fast-Food-Branche zulasten der Mitbewerber um 5 Prozent.
> 3. Eröffnung von zehn neuen Filialen innerhalb eines Jahres.
>
> Die gleiche Fast Food Kette verfolgt parallel folgende PR-Ziele:
> 1. 80 Prozent aller Jugendlichen in der Schweiz kennen die Fast-Food-Kette und nennen sie bei einer entsprechenden Umfrage an erster Stelle.
> 2. Die Fast-Food-Kette profiliert sich als gesundheitsbewusstester Anbieter auf dem Schweizer Fast-Food-Markt.
> 3. Die Fast-Food-Kette gilt als verantwortungsvoller und fairer Arbeitgeber gegenüber ihren Angestellten.

PR-Ziele bezwecken beispielsweise eine veränderte Wahrnehmung der Firma durch die Öffentlichkeit oder eine Einstellungs- bzw. Verhaltensänderung bei den Dialoggruppen. GRUNIG/HUNT unterscheiden zwischen der übergeordneten, strategischen PR-Zielsetzung (goals) und den Detailzielen (objectives).[6] Strategische Ziele eignen sich als Messlatten für die täglichen Entscheidungen eher weniger, weil sie zu allgemein formuliert und schlecht überprüfbar sind. Die Detailziele sind näher an der Praxis und damit konkreter und messbarer. Die Erreichung eines Detailziels dient dazu, die Organisation näher an das übergeordnet gesetzte PR-Ziel zu bringen.

Möchte also eine Organisation ihren Bekanntheitsgrad steigern, ist dies ein übergeordnetes Ziel. Dieses lässt sich anhand von Detailzielen konkretisieren. Zum Beispiel: «Die Organisation xy profiliert sich in der Region als attraktiver Arbeitgeber».

Die Gliederung von Zielen

In der Praxis passiert es bei komplexeren Arbeiten mit hoher Zielgruppendifferenzierung, dass Sie vor lauter Zielsetzungen nicht mehr wissen, was oben und unten ist. Ziele sollten deshalb sinnvoll gegliedert werden.

Sie haben folgende Möglichkeiten:

Sie setzen
- überdachende Zielsetzungen

dazu
- hierarchisch untergeordnete Teilziele

und/oder
- dialoggruppenspezifische Ziele

und/oder
- oder lang-, mittel- und kurzfristige Ziele

Überdachende Zielsetzungen
Zunächst gibt es überdachende Zielsetzungen, die über alle Zielgruppen hinweg als Grundpfeiler stehen sollten. Es empfiehlt sich, als Basis immer überdachende Zielsetzungen zu formulieren. Diese definieren die Richtung auf der strategischen Ebene und können, je nach Aufgabenstellung, mit untergeordneten Teilzielen kombiniert werden. Zum Beispiel:

- «Das Vertrauen in die Organisation ist intern und extern gross.»
- «Die Unternehmung wird intern und extern als sozialer Arbeitgeber wahrgenommen.»
- «Die Unternehmung ist in ihrer Branche die Nr. 1 punkto Bekanntheitsgrad.»

Um die Übersicht zu erleichtern, sollten Sie sich auf ein bis drei übergeordnete Ziele beschränken. Niemand kann sich an ein Dutzend übergeordnete Ziele erinnern. Ausserdem laufen Sie so Gefahr, dass Sie sich verzetteln. Überlegen Sie sich, welche Schwerpunkte gesetzt werden müssen und entscheiden Sie sich!

Hierarchische Teilziele
Teilziele folgen dem jeweiligen übergeordneten Ziel und brechen dieses auf die operative Ebenen herab. Das würde zum Beispiel für das Ziel Nr. 2 heissen: «Die relevanten Marktteilnehmer und Multiplikatoren kennen die sozialen Arbeitsbedingungen der Unternehmung». Jedoch werden, wie bereits aus diesem Beispiel hervorgeht, die hierarchischen Teilziele manchmal sehr nahe an den dialoggruppenspezifischen Teilzielen sein.

Dialoggruppenspezifische Ziele
Je nach Situation kann es Sinn machen, für die prioritär anzusprechenden Dialoggruppen eigene Ziele zu entwickeln. Greifen Sie auf eine solche Detaillierung dann zurück, wenn Sie für Ihre Problemstellung eine bessere Lösung verheisst als allgemeine Ziele.

Lang-, kurz oder mittelfristige Ziele
Eine andere Möglichkeit ist, die Gewichtung stärker auf die Fristigkeit zu legen und die Ziele nach dem Zeitraum, in welchem sie erreicht werden sollen, einzuteilen. Generell sollten Sie immer eine Aussage zum Zeitraum machen. Eine ausführliche Detaillierung macht beispielsweise dann Sinn, wenn Sofortmassnahmen (= kurzfristiges Ziel) eingeleitet werden müssen, zum Beispiel in einer Krisensituation: «Die Unternehmung stoppt den Vertrauensverlust sofort und aktiv».

Nebst den kurzfristigen Zielen wird es mittelfristige geben, die auf der Erreichung der kurzfristigen basieren und dann in Angriff genommen werden, wenn die akute Krise gemeistert ist. Die Unternehmung wird zudem längerfristig zu verfolgende Ziele ins Auge fassen.

▶ **Tipp**
Vorsicht vor dem ultimativen Zielmix
Wie auch immer Sie ordnen, entscheiden Sie sich für eine Gewichtungsart und eine überschaubare Anzahl von Teilzielen, die für Ihren Fall Sinn machen.
Formulieren Sie zum Beispiel nur für die drei wichtigsten Dialoggruppen spezifische Zielsetzungen. Und formulieren Sie für diese nicht auch noch kurz-, mittel- und langfristige Ziele. Konzepte sind als Leitlinien und Arbeitsmanuals gedacht, sobald sie den Alltag verkomplizieren, ist etwas falsch.

Die Formulierung

Formulieren Sie, wo immer es geht, positiv. Damit eröffnen Sie Zukunftsperspektiven und motivieren alle Lesenden dazu, den von Ihnen entwickelten Weg zu beschreiben. Beispiel:

- *Negativ:* Die Unternehmung stoppt die negative Berichterstattung in den Medien.
- *Positiv:* Die Unternehmung übernimmt eine aktive Rolle gegenüber den Medien und steuert die Medienarbeit entsprechend.

Orientieren Sie sich für die Formulierung der Zielsetzungen am *Endzustand*. Was werden Sie erreicht haben, wenn Ihre Massnahmen realisiert sind?

Die Nennung quantitativer Grössen ist auch in den PR durchaus nützlich. Qualitative Ziele spielen in der Regel aber eine grössere Rolle, weil PR-Ziele oft «Beziehungsziele» sind. Denken Sie daran, dass optimistisch gesetzte quantitative Ziele später auch erreichbar sein müssen.

Die Überprüfung gesetzter Ziele

Bereits bei der Entwicklung der Zielformulierungen sollte daran gedacht werden, wie deren Überprüfung erfolgen soll. Die frühzeitige Einplanung von Überprüfungsmechanismen kann eine Schlussevaluation enorm erleichtern und entscheidende Argumente liefern, wenn es um das PR-Budget der Folgejahre geht. Grundsätzlich müssen auch die Public Relations, obwohl schwer quantifizierbar, laufend erfolgreiche Rückmeldungen generieren können. In Gremien wie Geschäftsleitungen, die ausschliesslich wirtschaftsorientiert denken, müssen PR-Fachleute gut argumentieren, um den Nutzen ihrer Programme beweisen zu können. Während andere Geschäftsbereiche mit Umsatzzahlen ihre Leistungen belegen, müssen in der PR andere Wege beschritten werden. Überdies ist es auch für die PR-Abteilung selbst von grossem Nutzen, den Erfolg ihrer Aktivitäten laufend überprüfen zu können. Die Evaluation wird ausführlich behandelt im Kapitel 2.10.

Ein Beispiel für eine ausformulierte Zielsetzung finden Sie im *Praxisbeispiel für die Strategie bei einem komplexen Bauprojekt* auf Seite 83.

Dialoggruppen

Unter Dialoggruppen versteht man diejenigen Gruppen, die für die Unternehmung oder Organisation wichtig sind und mit welchen sie aus diesem Grund kommunizieren möchte oder muss. Weil nur betroffene Gruppen angesprochen werden, wird damit die grösstmögliche Effizienz sichergestellt. Die Kommunikation kann auf die jeweilige Dialoggruppe zugeschnitten werden.

Ziel-, Anspruchs- oder Dialoggruppen?

In der Literatur tauchen verschiedene Begriffe auf, wenn es darum geht, diejenigen Gruppen zu benennen, mit welchen wir kommunizieren möchten. Jeder Begriff hat seine Berechtigung. So ist der im Marketing gebräuchliche Begriff «Zielgruppe» auch in den Public Relations gebräuchlich für diejenigen Teile der Bevölkerung, auf welche unsere Kommunikationsmassnahmen «abzielen». Beim Begriff «Anspruchsgruppen» stehen die Bedürfnisse von Käuferschichten im Zentrum.

Am präzisesten ist jedoch der Begriff *Dialoggruppen*, da wir mit den verschiedenen Teilgruppen im besten Fall in einem Dialog stehen, wenn sie aufgrund unserer Massnahmen den Dialog aufnehmen bzw. ein Echo geben. Natürlich ist dies nicht immer der Fall. Mit bestimmten Gruppen werden Sie in der Kommunikation aber tatsächlich den Dialog pflegen, beispielsweise mit Opinion Leaders oder Medienvertretern.

Der Sinn der gezielten Bestimmung der Dialoggruppen

Sie sind kaum in der Lage, mit Kommunikationsmassnahmen die Bevölkerung als Gesamtes anzusprechen. Müsste man für alle Bevölkerungsteile entsprechende Massnahmen durchführen, würde der Budgetrahmen rasch gesprengt. Ausserdem wäre dadurch auch ein enormer Streuverlust hinzunehmen. Beispielsweise würde es kaum Sinn machen, eine Anti-Raucher-Kampagne auf die Gesamtbevölkerung auszurichten, wenn nur ein Teil davon raucht. Damit würde unnötig Geld verschleudert. Im vorliegenden Fall müsste man sich also überlegen müssen, wie, wo und wann die rauchende Bevölkerung am besten angesprochen werden könnte.

Indem Sie gezielt mit den relevanten Dialoggruppen kommunizieren, können Sie diese auch bedürfnisgerecht ansprechen. Die Bestimmung der Dialoggruppen ist nicht nur eine Fleissarbeit fürs Konzept. Mit der Bestimmung der für uns relevanten Gruppen legen wir auch einen wichtigen Teil der Strategie fest.

- Wer soll prioritär angesprochen bzw. überzeugt werden?
- Welche Gruppen spielen eine sekundäre Rolle?
- Welches sind die zentralen Beeinflusser?

Jedes Konzept konzentriert sich auf gewisse Gruppen, die zentral sind für das Kommunikationsanliegen. Je mehr Gruppen eingeschlossen werden, desto mehr Geld müssen wir investieren und desto schwieriger ist es, ein sichtbares Resultat zu erzielen. Dies muss dem Kunden oder auch einer Geschäftsleitung von Anfang an klar gemacht werden. Nicht selten ist es der Wunsch des Auftraggebers, möglichst viele Gruppen miteinzuschliessen, um eine grössere Wirkung zu erzielen. Aber: Jede Organisation muss über Basiskommunikationsmittel verfügen, die sich grundsätzlich an alle Dialoggruppen richten, beispielsweise der Webauftritt oder das Firmenporträt. Im Kommunikationskonzept definieren wir aber gerade diejenigen Dialoggruppen, welche nebst der Basiskommunikation *besonders angesprochen* werden müssen. Und dies kann nie die gesamte Bevölkerung sein.

Die Identifikation der Dialoggruppen

Die Identifikation der Dialoggruppen kann auf verschiedene Arten erfolgen. Ich verweise auf Kapitel 2.3, wo wir innerhalb der Situationsanalyse bereits die Aktionsfelder der Unternehmung bzw. Organisation ausgelotet haben. Es sind dies der Beschaffungs- und

2.5 Dialoggruppen

Absatzmarkt, das sozioökonomische Umfeld sowie die verschiedenen relevanten Umweltsphären. Die Dialoggruppen gehen aus den genannten Aktionsfeldern bereits hervor. Es lassen sich zudem die folgende Ordnungsprinzipien unterscheiden:

- Soziologisches Ordnungsprinzip
- Segmentierung nach demografischen Merkmalen
- Segmentierung nach Umwelten

Jedes Ordnungsprinzip hat seine Vor- und Nachteile. Im Grunde spielt es keine Rolle, auf welche Weise Sie die relevanten Dialoggruppen identifizieren. Alle Methoden dienen dazu, eine möglichst vollständige Auflistung zu erhalten. Je nach Ausgangslage eignet sich die eine Methode besser als die andere.

Soziologisches Ordnungsprinzip

Das soziologische Ordnungsprinzip geht auf OECKL[7] zurück, der sechs Hauptgruppen unterscheidet: Business Relations, Human Relations, Political Relations, International Relations sowie Community Relations und Environment Relations. Die Einteilung in soziologische Beziehungsfelder stellt einen gesamtheitlichen Ansatz dar, der sich sowohl für grosse Unternehmungen als auch für kleinere NPO und NGO besonders eignet.

Segmentierung nach demografischen Merkmalen
oder Psychogrammen

Die Öffentlichkeit kann auch nach demografischen Merkmalen unterteilt werden. So können Gruppen mit ähnlichen demografischen Merkmalen (Beispiel: alle deutschschweizer Frauen über 65 Jahre) zusammengefasst werden. Ebenso können damit Menschen, die ähnliche Verhaltensweisen aufweisen, als Dialoggruppe definiert werden (Beispiel Aids-Hilfe: Dialoggruppe Freier, die Geschlechtsverkehr ohne Gummi suchen). Diese Art von Segmentierung macht insbesondere bei Teilkonzepten Sinn (zum Beispiel Kampagnen), die sich an Dialoggruppen mit bestimmten Verhaltensweisen richten.

*Segmentierung nach mikroökonomischem
und makroökomischem Umfeld*

Auch KOTLERS Ansatz[8] ist für die PR anwendbar. Er konzentriert sich naturgemäss stärker auf den Absatz. Er unterscheidet:

Das mikroökonomische Umfeld der Unternehmung:

- Das Unternehmen selbst
- Die wichtigsten Partner (Lieferanten, Vertriebspartner, Konkurrenten)
- Kunden und Märkte
- Interessierte Gruppierungen der Öffentlichkeit (Aktionäre, Banken, Finanzinstitutionen, Medien, Behörden, Parlamente, Institutionen, Verbände, Anwohner, Standortgemeinde, nationale und internationale öffentliche Meinung, unternehmensinterne Öffentlichkeit)

Das makroökonomische Umfeld der Unternehmung:

- Bevölkerungsdynamik
- Wirtschaft, Konjunktur, Einkommen
- Umweltschutz, Naturerhalt
- Technologischer Fortschritt, Ethik
- Politik und Interessengruppen
- Kultur- und Erziehungsideale, Gemeinsinn

Aus diesen Umfeldern und Bereichen lassen sich schliesslich die für die Unternehmung relevanten Dialoggruppen herausfiltern. Der Marketingansatz eignet sich vor allem für komplexere Aufgaben, bei welchen zahlreiche verschiedene Dialoggruppen einbezogen werden müssen.

Diese theoretischen Detailierungsversuche sollten als Basis für die praktische Arbeit gesehen, jedoch nicht überbewertet werden. Sie sind insbesondere bei grösseren Firmen, wo die Dialoggruppen oft sehr breit gestreut sind, als Grundlage sinnvoll.

2.5 Dialoggruppen

Prozesse von Teilöffentlichkeiten

KÖCHER/BIRCHMEIER weisen auf die im PR-Management und in der PR-Literatur gebräuchlichen Begriffe der «latenten, der bewussten und der aktiven Teilöffentlichkeiten» hin.[9] Dabei geht es um die *Stadien der Bewusstseinswerdung*, welche die Dialoggruppen durchlaufen. Die Dialoggruppen sind keine statischen Grössen. Sie befinden sich in einem permanenten Veränderungsprozess. So gibt es diejenigen Gruppen, die gerade daran sind, ein Problem als solches zu erkennen (*latente Teilöffentlichkeit*), solche, die sich des Problems bereits bewusst sind (*bewusste Teilöffentlichkeit*) und diejenigen Dialoggruppen, die sich des Problems nicht nur bewusst sind, sondern darauf bereits aktiv reagieren, beispielsweise, indem sie sich organisieren (*aktive Teilöffentlichkeit*).

Gerade bei Fragestellungen mit politischem Inhalt oder bei krisenanfälligen Branchen sind diese Prozesse und deren Kenntnis enorm wichtig. Es wird darum gehen, zum Beispiel Widerstände bei bestimmten Dialoggruppen so früh wie möglich zu lokalisieren und abzubauen. Gleichzeitig muss die Entwicklung – «latente Teilöffentlichkeiten werden zu bewussten Teilöffentlichkeiten», «bewusste Teilöffentlichkeiten werden zu aktiven Teilöffentlichkeiten» etc. der verschiedenen Dialoggruppen verfolgt und mit entsprechenden Massnahmen darauf reagiert werden.

▶ **Tipp**
Worauf Sie in der Praxis achten sollten

Interne Dialoggruppen ausreichend einbeziehen
Es gibt nicht nur externe, sondern auch interne Dialoggruppen, die zwingend in die Kommunikation eingebunden werden müssen und die nicht nur mit dem Standardprogramm (zum Beispiel Mitarbeiterzeitschrift) abgespiesen werden sollten. Die Regel lautet: Intern vor extern. Sollten Sie während der Situationsanalyse intern gewisse Defizite ausgemacht haben, ist es besonders wichtig, nicht nur auf die externe Kommunikation zu setzen.

Interne Dialoggruppen sind die Geschäftsleitung, das Kader, die Mitarbeiter, Lehrlinge, Ehemalige. Bei Familien-AG oder kleineren Firmen mit einem beschränkten Aktionärskreis werden manchmal auch die Aktionäre als interne Dialogruppe definiert. Handelt es sich beispielsweise um ein Produktionsunternehmen, empfiehlt sich eventuell, die Mitarbeiter nochmals aufzusplitten in die Gruppe der Mitarbeitenden, die in der Produktion arbeitet und diejenige, welche im Verwaltungsbetrieb tätig ist. Wichtig ist, dass die definierten Dialoggruppen stufengerecht angesprochen werden, also in einer für sie verständlichen Sprache und einer angemessenen Tonalität.

Prioritäten auch wirklich setzen
Oft gehen Auftraggeber davon aus, dass alle Dialoggruppen gleichermassen berücksichtigt werden. Sie tun sich entsprechend schwer mit dem Setzen von Prioritäten. Jedoch sind Kapazität und Budget praktisch immer beschränkt. Man wird sich also aus naheliegenden Gründen auf die wichtigeren Dialoggruppen konzentrieren müssen. Bezeichnen Sie in Ihrer Liste, welche Dialoggruppen Ihrer Ansicht nach Priorität 1, 2 oder 3 haben.

Mehrfache Zugehörigkeit zu Dialoggruppen berücksichtigen
Menschen gehören oft zu mehreren Dialoggruppen. Das heisst, ein Mitarbeiter ist beispielsweise gleichzeitig Aktionär oder eine Journalistin ist gleichzeitig auch Einwohnerin der Standortgemeinde der Unternehmung. Damit haben Kommunikationsmassnahmen, die für bestimmte Gruppen vorgesehen sind, immer auch eine Wirkung auf weitere Kreise. Deshalb erübrigt es sich unter Umständen, für jede Dialoggruppe spezielle Kommunikationsmassnahmen zu ergreifen.

Im gleichen Sinne sind die Dialoggruppen nicht als fix abgegrenzte Personenkreise zu verstehen. Je nach Anliegen formieren sich heute immer wieder neue Interessensgemeinschaften. Ein Beispiel: Wer heute mit dem Snowboard unterwegs ist, fährt morgen Ski und wird übermorgen sogar temporär zum Langläufer. Eine Überschneidung der verschiedenen Dialoggruppen ist also in der Praxis unvermeidlich.

2.5 Dialoggruppen

Beispiel aus der Praxis
Erweiterungsprojekt eines Naturschutzgebiets

Dass politische Kommunikation eine sehr anspruchsvolle und sensible Angelegenheit ist, mussten vor einiger Zeit die Initianten für die Erweiterung eines europäischen Naturschutzgebiets mit touristischer Ausstrahlung erfahren. Vom ökologischen Standpunkt her, hätte eine Vergrösserung des Reservatsgebietes Sinn gemacht, weil damit der Lebensraum für Tiere und Pflanzen sinnvoll erweitert hätte werden können. Die Idee einer Ausdehnung kam von wissenschaftlicher Seite und wurde entsprechend auch von Initianten aus diesem Kreis zur Projektreife gebracht. Obwohl Anstrengungen unternommen wurden, Opinion Leaders und Exponenten der regionalen Bevölkerung, insbesondere auch die Behörden in der Region liegenden Dörfer einzubinden, erwuchs dem Projekt rasch Widerstand, der schliesslich dazu führte, dass das Projekt gestoppt werden musste. Was war passiert?

Zunächst regte sich interner Widerstand. Der in der Aufsichtskommission vertretenen Umweltschutzorganisation ging der Umfang des Schutzes im neuen Gebiet zu wenig weit. Ihr Vertreter äusserte sich in der Folge öffentlich gegen das Projekt, während sich die übrigen Kommissionsmitglieder für das Projekt einsetzten. Dies ist eine für die Kommunikation fatale Ausgangslage. Die Situation hätte vor dem Gang an die Öffentlichkeit bereinigt werden müssen, um nach aussen eine einheitliche Kommunikation sicherzustellen.

Auch extern liess der Widerstand nicht lange auf sich warten. Zahlreiche Politiker, Interessengruppen sowie ein Teil der Einwohner aus den Dörfern in der Region befürchteten eine empfindliche Einschränkung ihrer Rechte. Es gelang nicht, die Projektidee aus den wissenschaftlichen Reihen auf der Regionsebene breit zu verankern und zu einem Projekt der Bevölkerung zu machen. Ebenso vermochten die Befürworter den Nutzen, zum Beispiel für den Tourismus und damit für die Region, zu wenig überzeugend zu kommunizieren. Ein gegnerisches Komitee brachte die Projektidee schliesslich zu Fall.

Das Projekt eignet sich sehr gut zur Veranschaulichung, wie sorgfältig Dialoggruppen, insbesondere in der politischen Kommunikation, identifiziert und angesprochen werden müssen. In diesem Projekt bestanden mehrere, sich teilweise auch überschneidende Dialoggruppen. Allesamt waren sie hochsensibel in der Ansprache und in verschiedenen Stadien, von der latenten bis hin zur aktiven

> Teilöffentlichkeit. Den Initianten gelang es nur ungenügend, die Kommunikationsstrategie auf diese hochsensiblen Dialoggruppen auszurichten und das richtige Timing für den Einsatz der Kommunikationsmassnahmen zu finden.

Häufige Dialoggruppen im Überblick

Intern
- Mitarbeitende
- Kader
- Lehrlinge
- Pensionierte
- Ehemalige
- (bei kleineren Unternehmungen: Aktionäre)

Extern
(je nach Fall)
- Kunden
- Lieferanten
- (bei grösseren Unternehmungen): Aktionäre
- Medien (Print, elektronische)
- Opinion Leaders
- Behörden
- Politiker
- Kantonsparlamente und/oder nationales Parlament
- Gewerkschaften
- Verbände (Branchenverbände, Berufsverbände etc.)
- Vereine
- Interessengemeinschaften
- Bevölkerung oder Standortbevölkerung bzw. -behörde
- Hochschulen/Berufsschulen
  (Lehrpersonal, Leitung, Auszubildende)

etc.

Kommunikationsinhalte

Wir wissen nun, welches die relevanten Dialoggruppen sind. Noch bevor Sie konkrete Kommunikationsmassnahmen planen, stellt sich die Frage, welche Kommunikationsinhalte Sie diesen vermitteln.

Die Kommunikationsinhalte bestehen aus den «Botschaften», welche wir den Dialoggruppen übermitteln. Diese werden innerhalb aller Massnahmen in angemessener Art und Weise «verpackt». Die Botschaften sind die Antwort auf die Frage: «Was möchten wir unseren Dialoggruppen mitteilen?» Damit stellen wir sicher, dass die Kommunikation einheitlich und klar erfolgt, so dass sie von den Empfängerinnen und Empfängern aufgenommen werden kann und auch verstanden wird.

Sie werden diese Kommunikationsinhalte nicht unbedingt im Wortlaut einsetzen, sondern jede Massnahme muss die Kernbotschaft des Konzepts gewissermassen «verkörpern». Wie bereits bei den Zielsetzungen gibt es eine *Kernbotschaft*, die über allen steht. Den verschiedenen Dialoggruppen werden je nach Fall unterschiedlich ausdifferenzierte Botschaften kommuniziert. Diese müssen jedoch der Kernbotschaft untergeordnet sein.

Für eine Unternehmung, die Studienabgängerinnen und -Abgänger anziehen möchte, kann die Botschaft zum Beispiel so lauten: *«Wir verfügen über einen guten Teamgeist und motivierte, junge Leute.»* *«Wer bei uns arbeitet, der erlebt viel.»* Gegenüber ihren Kunden wird sie jedoch nicht die selbe Botschaft kommunizieren. Ist sie beispielsweise durch eine hohe Fluktuation ins Gerede gekommen und hat Gegenmassnahmen ergriffen, wird die Botschaft an den Kunden lauten: *«Bei uns werden Sie immer von der selben Person betreut.»* *«Uns ist Kontinuität wichtig.»* etc.

Wie Sie die richtigen Kommunikationsinhalte vermitteln
Wiederum gilt: Weniger ist mehr. Je klarer Sie eine Botschaft universell einsetzen, desto eher wird sie gehört.

Fragen Sie sich zunächst:

- Welche Kommunikationsinhalte möchte ich den Dialoggruppen übergeordnet vermitteln?
- Gibt es einzelne Dialoggruppen, bei welchen innerhalb des übergeordneten Kommunikationsinhaltes noch ausdifferenzierte Botschaften eingesetzt werden müssen?
- Stimmen meine Kommunikationsinhalte mit den formulierten Zielsetzungen überein?

Falls Sie sich dazu entscheiden, für gewisse Dialoggruppen spezielle Botschaften zu formulieren, sollten Sie darauf achten, sich nicht zu verzetteln. Je mehr Botschaften, desto komplexer wird später deren Einflechtung in die Massnahmen.

Beispiel aus der Praxis
Kommunikationsinhalte
Konzept für ein Naturschutzgebiet

Ausgangspunkt war ein Naturschutzgebiet, das für die Bevölkerung gleichzeitig ein beliebtes Naherholungsgebiet ist. Das Gebiet wird stark frequentiert von Spaziergängern, Hundehaltern, Inline-Skatern, Bikern, Joggern etc. Zudem besitzen verschiedene Vereine (Sport-, Hunde-, Modellflugverein) ein Nutzungsrecht für Teile des Gebietes. Eine in den Achtzigerjahren gemachte Studie zeigte auf, dass die Pflanzen- und Tiervielfalt innerhalb von einigen Jahren stark abgenommen hatte.

Fachleute erstellten daraufhin ein Konzept mit Renaturierungsmassnahmen, um dieser Entwicklung Einhalt zu gebieten. Die Aufsichtskommission, welche für das Naturreservat zuständig ist, beklagte, dass dieses von den Freizeitnutzern wenig bis gar nicht zur Kenntnis genommen wurde und daher auch die Regeln nicht immer befolgt wurden. Insbesondere die Anzahl Hundehalter, die ihre Hunde frei laufen liessen, stellten für den Schutz des Gebietes ein Problem dar.

Um verstärkt auf das wertvolle, schützenswerte Gebiet sowie über die mehrere Jahre laufenden Renaturierungsmassnahmen hinzuweisen, liess die Aufsichtskommission ein Kommunikationskonzept erstellen.

Die Situationsanalyse ergab ein klares Resultat:

- Die Bevölkerung wusste mangels Hinweisen nur teilweise oder gar nicht, dass sie sich in einem Naturreservat bewegte.
- Die Bevölkerung hatte keine Ahnung, welches Gebiet das Naturreservat umfasst.
- Auf die Schutzwürdigkeit von sensiblen Gebieten wie zum Beispiel die Altläufe des nah gelegenen Flusses war praktisch nicht aufmerksam gemacht worden.

Als externe Dialoggruppen wurden nebst den Vereinen insbesondere die Gruppe der individuellen Freizeitnutzer, Behörden und Gemeinderäte sowie die im Raum ansässige Bevölkerung definiert. Ferner die lokalen Medien als Mittler.

Primäres Ziel war, den Dialoggruppen das Naturschutzgebiet als wertvollen Lebensraum für Pflanzen- und Tierwelt zu vermitteln. Sie sollten einerseits die Grenzen und das Reservat als solches kennen und zu regelkonformem Verhalten im Reservatsgebiet gebracht werden. Die Folge: ein Rückgang der Übertretungen und des unsachgemässen Verhaltens. Gleichzeitig sollte verhindert werden, dass die Informationsoffensive noch mehr Freizeitnutzer anzog. Im Vordergrund stand in der Kommunikation eindeutig der Schutzgedanke.

Die externe Kommunikation konzentrierte sich auf folgende Kommunikationsinhalte:

- «Das Reservat ist ein landschaftlich wertvolles, sensibles Natur- und Naherholungsgebiet, auf dem viele Interessen aufeinandertreffen».
- «Im Reservatsgebiet gibt es vom Aussterben bedrohte Pflanzen- und Tierarten sowie ein Naturreservat mit einem Auenwald von nationaler Bedeutung».
- «Helfen Sie mit, das Gebiet zu schützen, indem Sie die Regeln einhalten».

Untergeordnet wurden zudem Kommunikationsinhalte in Bezug auf die Aufwertungsmassnahmen definiert:

- «Zur Erhaltung und Verbesserung der Artenvielfalt von Pflanzen und Tieren werden im Reservatsgebiet landschaftliche Eingriffe vollzogen».
- «Die Eingriffe in die Natur schaffen die Voraussetzungen, um das Überleben selten gewordener Pflanzen und Tiere zu sichern».

Die Erarbeitung des Kommunikationskonzeptes

Diese Inhalte wurden bei allen Kommunikationsmitteln konsequent vermittelt. Heute befinden sich an allen Eintrittsachsen sowie an neuralgischen Punkten Informationstafeln, die das Naturreservat und dessen Grenzen zeigen und die wichtigsten Verhaltensregeln auflisten. Das Reservatsgebiet ist auf den Durchgangsstrassen am Boden mit oranger Farbe bezeichnet, ferner ist die Reservatsgrenze durch orange gekennzeichnete Metallpfosten ersichtlich. Weiter wurden Informationstage durchgeführt und ein Webauftritt realisiert. Alle im Bereich des Naturschutzgebiets agierenden Vereine erhielten zudem Postkarten mit den wichtigsten Regeln. Diese werden zudem von den Aufsichtspersonen vor Ort abgegeben. Gestützt werden die Aktivitäten mit regelmässigen Medieninformationen.

Die Strategie

Jetzt müssen Sie die Karten auf den Tisch legen und einen Weg aufzeigen, wie Sie die anstehenden Aufgaben lösen werden. Woraus aber besteht nun die Kommunikationsstrategie? Und wo liegt die Trennlinie zu den Massnahmen, die so klar gar nicht ist?

Lassen Sie mich zum besseren Verständnis das Beispiel eines Marathonlaufes heranziehen. Um die 42,195 km lange Strecke zu schaffen, legen sich die Wettkämpferinnen und Wettkämpfer eine Strategie zurecht. Sie legen im voraus fest, welche Kilometer sie mit welcher Geschwindigkeit laufen möchten und wann sie Nahrung zu sich nehmen. Mit der Entwicklung der Wettkampfstrategie sind die Läuferinnen und Läufer aber noch keinen Kilometer gerannt. Sie haben lediglich festgelegt, wie sie wann agieren wollen.

Wenn Sie die Strategie innerhalb eines Kommunikationskonzeptes entwickeln, tun Sie im übertragenen Sinne nichts anderes, als darüber nachzudenken, wann Sie auf welche Weise die Ziellinie überschreiten möchten.

Die Strategie definiert die Vorgehensweise, welche zur Erreichung der Kommunikationsziele eingesetzt wird. Sie bildet die Brücke vom bisher theoretischen Denkgebilde in die Welt der Praxis. Kern der Strategie ist eine übergeordnete Leitidee, ergänzt mit Aussagen über die Schwerpunkte, die Intensität, den zeitlichen Verlauf und die Aufteilung des Budgets.

In der vorhandenen PR-Literatur wird der Strategie als zentralem Punkt des Kommunikationskonzeptes einiger Platz eingeräumt. Allerdings werden Praktikerinnen und Praktiker allein gelassen, wenn es darum geht, die Strategie konkret auszuformulieren. Im Folgenden zeige ich Ihnen eine Möglichkeit auf, wie Sie die Strategie entwickeln können.

Diese sechs Punkte müssen in Ihrer Strategie enthalten sein:
1. Übergeordnete Leitidee
2. Definition von Verhaltensweise und Tonalität
3. Frequenz/Intensität und zeitlicher Verlauf der Kommunikationsaktivitäten (Dramaturgie)
4. Festlegung der Priorität der Dialoggruppen
5. Gewichtung der Massnahmengruppen
6. Prozentuale Aufteilung des Budgets auf die zu setzenden Schwerpunkte

1. *Übergeordnete Leitidee*
Die Leitidee fasst in wenigen Worten den Kern der Strategie zusammen. Wichtig ist, dass die übergeordnete Leitidee nicht auf der grünen Wiese entsteht, sondern sich an der Gesamtzielsetzung orientiert.

2. *Definition von Verhaltensweise und Tonalität*
Eine Unternehmung kann sich eher offensiv, sogar aggressiv oder defensiv verhalten. Sich offensiv zu verhalten heisst Aktivität zu vermitteln, aktiv aufzutreten. Es kann aber auch Gründe geben, weshalb sich eine Organisation eher zurückhält, also defensiv und damit eher «leise» kommunziert. Selbstverständlich kann auch aktiv und dennoch leise kommunziert werden.

Ins selbe Kapitel gehört die Tonalität. Bereits innerhalb der Strategie können Aussagen dazu gemacht werden, welchen Kommunikationsstil die Unternehmung pflegt, zum Beispiel eher einen sachlichen oder eher einen emotionalen. Damit setzen Unternehmungen, die bisher über kein «corporate wording» verfügten, auch bereits erste Leitplanken für eine Sprachregelung.

3. *Frequenz/Intensität und zeitlicher Verlauf der Kommunikationsaktivitäten*
Sie haben beschränkte Ressourcen. Nun müssen Sie festlegen, wann Sie diese im Verlaufe der nächsten zwei bis drei Jahre einsetzen. Gibt es eine Ballung von Massnahmen? Wenn ja, zu welchem Zeitpunkt? Wann läuft das Standardprogramm, wann fahren Sie eher Schmalspur? Das Standardprogramm besteht eher aus in bestimmten Zeitabständen wiederkehrenden Massnahmen, während Sie mit einzelnen Highlights mehr Intensität erzielen. Achten Sie hier darauf, dass Sie nicht zu sehr auf die Massnahmenebene geraten, sondern auf der strategischen Plattform bleiben.

4. *Festlegung der Priorität der Dialoggruppen*
In der Strategie können Sie die prioritären Dialoggruppen in Verbindung bringen mit bestimmten Massnahmenkategorien. So könnten beispielsweise Jugendliche als prioritäre Dialoggruppe mit Events und elektronischer Kommunikation angesprochen werden. Noch ist dabei nicht festgelegt, um welche konkreten Massnahmen es sich handelt. Sie sagen lediglich: dies ist meine Dialoggruppe mit Priorität 1, die ich via Kanäle x und y ansprechen möchte.

5. *Gewichtung der Massnahmengruppen*
In der Kommunikationsstrategie dürfen durchaus bereits Massnahmenkategorien genannt werden, die Ihnen geeignet erscheinen, ohne dass Sie deswegen bereits konkret werden.

- Setzen Sie hauptsächlich auf schriftliche Kommunikation?
- Auf Events?
- Auf Kampagnen?
- Auf Medienarbeit?

Womit flankieren Sie ihre Hauptmassnahmengruppe? Oder fahren Sie mit einer Kombination von zwei Massnahmenkategorien, zum Beispiel Internetkommunikation verbunden mit Medienarbeit? Es sind hier unzählige Lösungen denkbar, die aber alle dazu dienen müssen, die von Ihnen definierten Ziele in optimaler Weise zu erreichen.

Mit der Festlegung von Massnahmengruppen geben Sie die Marschrichtung vor. Diese werden Sie einhalten müssen, sobald Sie zu den Massnahmen kommen.

6. *Prozentuale Aufteilung des Budgets*
   auf die zu setzenden Schwerpunkte
   Bereits innerhalb der Strategie sollten Sie die Ressourcenaufteilung festlegen. Wieviele Prozente des Budgets werden in Direktkontakte (Events, Gespräche etc.) investiert? Welchen Anteil am Gesamtbudget sollen Publikationen ausmachen? Wieviel wird in Kampagnen investiert?

Mit den obenstehenden Punkten haben Sie den Weg definiert, noch bevor Ihnen die mögliche Massnahmen den Gesamtüberblick rauben. Selbstverständlich müssen Sie jeweils gemäss der aktuellen Situation entscheiden, ob alle die angesprochenen Punkte für Ihre Strategie wichtig sind oder ob Sie welche weglassen können. Eventuell kommen auch andere dazu.

▶ **Tipp**

Es empfiehlt sich bei aller Liebe zum Detail, die Strategie übersichtlich zu halten und auf den Punkt zu bringen. Damit zwingen Sie sich auch, zu konzentrieren statt auszuufern. Eine Strategie über mehrere Seiten hinweg kann niemand aufnehmen. Behelfen Sie sich eventuell mit der Zweiteilung der Strategie in einen übergeordneten Teil und der Detailstrategie oder mit der Unterteilung in verschiedene Phasen. Wenn Ihr Konzept umsetzbar sein soll, liegt in der pragmatischen Kürze mehr Würze als in der akademischen Länge.

DÖRRBECKER[10] und weitere Autoren unterscheiden zusätzlich zwischen Strategie und Taktik. Dabei ist die Taktik der Strategie untergeordnet und fokussiert bereits konkret auf die Massnahmen.

Die Taktik definiert, welche Massnahmen konkret wann, wo, in welchen Zeitabständen stattfinden. Auch sie muss strategiegerecht formuliert sein.

Praxisbeispiel für die Strategie eines KMU

Ziehen wir das auf den Seiten 36 bis 37 beschriebene KMU wieder heran. Dieses hatte, wie dort beschrieben, in den vergangenen Jahren keine PR-Massnahmen mehr realisiert. Wie sich in der Situationsanalyse gezeigt hatte, lebte die Unternehmung bezüglich Image hauptsächlich von der Firmengeschichte. Der Betrieb verzeichnete in der Region aufgrund der fast hundertjährigen erfolgreichen Existenz einen hohen Bekanntheitsgrad, nicht aber über eine ausgeprägte Unternehmenspersönlichkeit. Der Betriebsinhaber galt als ein seriös und bescheiden auftretender Unternehmer, es fehlte aber das gewisse Etwas, welches eine Unternehmung von den Mitbewerbern abhebt. Mit dieser Ausgangslage wurde die untenstehende Strategie entworfen.

Denken Sie auch daran, dass die in der Checkliste genannten Punkte in der Praxis nicht immer in der selben Reihenfolge erscheinen müssen. Zur besseren Übersicht finden Sie diese in Klammern nochmals genannt.

Strategie: Leise, clever, emotional und mit Freude
(Übergeordnete Leitidee)
 Als erstes ist die Schaffung eines geeigneten Basisinstrumentariums von zentraler Bedeutung. Dieses ist nicht in erster Linie auf einzelne Dialoggruppen ausgerichtet, sondern soll potentiell von allen Dialoggruppen «genutzt» und/oder verstanden werden. Es dient dazu, die Unternehmensidentität nach innen und aussen zu kommunizieren (wobei wir hier von der «Soll-Identität», siehe Positionierungsschema Situationsanalyse, ausgehen). Der Umfang des Basisinstrumentariums muss der Unternehmensgrösse angepasst sein. Diese ist mit vierzig Angestellten eher klein.

Priorität der Dialoggruppen
 Für xy ist nicht der Bekanntheitsgrad innerhalb der breiten Masse, sondern innerhalb bestimmter Dialoggruppen ausschlaggebend. Deshalb erübrigen sich Massnahmen, die auf Breite ausgerichtet sind (zum Beispiel eine grosse Inseratekampagne in der Tagespresse). Vielmehr müssen die vorgängig festgelegten Dialoggruppen mit Priorität 1 spezifisch und gezielt angesprochen werden.

Definition von Verhaltensweise und Tonalität
 Die Tonalität ist reduziert auf das Wesentliche, aber getragen von feinem Humor und einer Prise Frechheit bzw. Frische. Eine gewisse

«Cleverness», die auffällt, soll sich visuell und inhaltlich durch alle Massnahmen durchziehen.

Gewichtung der Massnahmengruppen
Generell konzentriert sich die Kommunikation auf wenige, aber wichtige Kanäle. Damit wird eine Verzettelung der Mittel verhindert. Sie erfolgt, abgesehen von den Basiskommunikationsmitteln, auf direktem Weg.

Intern: Emotionaler Bezug steigert die Identifikation mit dem Unternehmen
Um die gesetzten Kommunikationsziele zu erreichen, sind nicht in erster Linie zusätzliche rationale, sondern emotional geprägte, informelle Kommunikationsmassnahmen wie Veranstaltungen (Events) gefragt.

Extern: Beziehungen schaffen
... Das Ziel ist es also, die Beziehung zu möglichen Auftraggebern zu vertiefen und diese zu potentiellen Kunden aufzubauen. Dies kann nicht ausschliesslich über schriftliche Kommunikation erfolgen. Deshalb soll auch im externen Bereich mit zielgruppenspezifischen Events gearbeitet werden.

Intensität/zeitlicher Verlauf der Kommunikationsaktivitäten, Budget
- *Phase I (von... bis...)*
In einer ersten Phase wird intern die Grundlage für die neue Firmenkultur geschaffen. In dieser Phase liegt das *Hauptgewicht auf der Realisation der Basismassnahmen und der raschen Umsetzung der internen Massnahmen.* Zur Entwicklung eines Teamgefühls ist die Organisation einiger kleinerer Events am besten geeignet. Diese müssen jährlich wiederholt werden. Ausserdem sollen die internen Informationsflüsse optimiert und institutionalisiert werden. Das Budget wird vollumfänglich zur Realisation der Basismassnahmen eingesetzt.
- *Phase II (von... bis...)*
In der zweiten Phase geht es insbesondere darum, die dialoggruppen-spezifischen externen Massnahmen aufzubauen. Parallel dazu werden die bisherigen internen Massnahmen auf ihre Wirksamkeit hin überprüft und je nach Befund angepasst. In der Phase II werden für die wiederkehrenden Massnahmen bzw. zur Erhaltung und Aufdatierung der Basismassnahmen nur noch etwa dreissig Prozent des Budgets eingesetzt. Der Rest fliesst in die dialoggruppen-spezifischen Massnahmen.

2.7 Die Strategie

Praxisbeispiel für die Strategie bei einem komplexen Bauprojekt

Das Neubauprojekt in einer Schweizer Stadt im Mittelland, um das es hier geht, hatte bereits eine fünfzehnjährige Projektierungsgeschichte hinter sich. Die Ausgangslage gestaltete sich nicht zuletzt deshalb schwierig, weil es sich um ein Gemeinschaftsprojekt von öffentlich-rechtlichen und privaten Partnern handelte. Bei der Wiederaufnahme der Planung zeigte sich, dass das Projekt noch einige Hürden zu nehmen hatte.

So mussten für dessen Realisierung zunächst genügend Mieter (Wohnungen, Geschäfte, Büros) gefunden und eine ausreichende Rendite sichergestellt werden. Weiter standen die Regelung verschiedener Rekurse sowie eine Volksabstimmung an. Intern mussten sich verschiedene am Bau beteiligte Partner noch über die Besitzverhältnisse einigen.

Im hier sehr detaillierten Fazit wurde festgestellt:

- Dass das Projekt intern eine starke Lobby braucht, um den Weg durch verschiedene Entscheidungsgremien zu schaffen.
- Dass intern wichtige Kommunikationsschnittstellen zwischen den verschiedenen Investitionspartnern geklärt werden müssen.
- Dass die lange, teilweise erfolglose Projektierungsdauer dem Projekt den nötigen Schwung genommen hat und ein hoher Kommunikationsbedarf besteht, um das Vertrauen bei allen Dialoggruppen wiederherzustellen.
- Dass das Projekt von glaubwürdigen, finanziell abgesicherten Investoren getragen wird und eine Chance für eine positive Stadtentwicklung ist.
- Dass die Bauphase mit rascher, ehrlicher und klarer Kommunikation begleitet werden muss.
- Dass dem Projekt bis anhin wenig politische Opposition entgegengesetzt wurde.
- Dass gemessen am Bauvorhaben sehr knappe finanzielle Mittel für die Kommunikation eingesetzt werden können.

Für die Kommunikation wurden folgende Zielsetzungen definiert:

Interne Ziele
- Das Projekt erhält intern ein Profil, das ihm eine Persönlichkeit, eine Identität und einen ideellen Wert gibt.

- Beteiligte und Entscheidungsträger sind von der Notwendigkeit überzeugt, dass mit dem Projekt eine zeitgemässe Infrastruktur zur Verfügung gestellt wird.
- Die Beteiligten sind von der Notwendigkeit überzeugt, dass für das Projekt eine zeitgemässe Infrastruktur (Schalteranlagen etc.) zur Verfügung gestellt wird.
- Das Projekt passiert alle Gremien mit positiven Entscheiden.

Externe Ziele
- In der Öffentlichkeit herrscht Zuversicht und das Vertrauen, dass der Neubau erfolgreich realisiert werden kann. Die Bevölkerung freut sich über und auf den Neubau.
- Von aussen wird das Projekt als «aus einem Guss» wahrgenommen.
- Das positive Image eines öffentlichen Baus wird für die Kommunikation genutzt.
- Eine klare Positionierung und die Schaffung einer Marke legen den Grundstein für ein wirksames Standortmarketing.
- Mit allen engagierten, kritischen oder vom Projekt besonders betroffenen Nutzergruppen wird über die gesamte Projektdauer ein kontinuierlicher, offener Dialog gepflegt. Damit verhindern wir unnötige Verhärtungen mit allfälliger Opposition.
- Alle Betroffenen sind über die gesamte Bauzeit transparent und nutzerorientiert über die Baufortschritte und die kommenden Behinderungen informiert.

Entsprechend wurde die Strategie festgelegt:

Strategie intern
- Wir konzentrieren uns in der ersten Phase auf die interne Kommunikation. Denn die Entscheidungsträger der verschiedenen Partner müssen alle ins selbe Boot geholt werden.
- Wir setzen auf direkte Kontakte, das heisst auf «Botschafter» als Schlüsselpersonen für die internen Entscheider. Dafür sollen Personen tätig werden, die extern auf einer ähnlichen Ebene wirken.
- Bei den Beteiligten (Projektteam) erzeugen wir mit einer Kick-off-Veranstaltung einen Paukenschlag, der für eine positive Grundstimmung und für die nötige Motivation sorgt, damit sich alle für das Projekt einsetzen.
- Den Beteiligten stehen die wichtigen Argumente in geeigneter Form zur Verfügung.

Strategie extern
- Aus Budgetgründen inhaltliche Konzentration auf die zwei relevanten Projektphasen 1 und 4 (Basis- und Baukommunikation). In den Phasen 2 und 3 beschränkt sich die Kommunikation auf Beratung, Public Affairs, Issue Management und Medienarbeit (bei Bedarf).
- Die Budgetverteilung erfolgt analog über die verschiedenen Phasen hinweg nach folgendem Schlüssel: 30–10–10–50 Prozent.
- Die Baukommunikation erfolgt hauptsächlich rund um die Baustelle, es wird ein schriftliches Hauptkommunikationsportal eingesetzt.
- Als tragende Säulen der Begleitkommunikation werden Medienarbeit und Internet eingesetzt. Aus Budgetgründen wird auf bezahlte Streuung (Inserate, Plakate etc.) verzichtet.

Die Massnahmen

Die Massnahmen sind das Bündel der konkret geplanten PR-Aktivitäten, die wir zur Umsetzung der Kommunikationsstrategie einsetzen.

Meist geistern einem bei der Entwicklung eines Kommunikationskonzeptes schon zu Beginn der Arbeit Ideen für PR-Massnahmen im Kopf herum. Zum einen können wir unsere Kreativität ja nicht einfach abstellen, zum andern spüren wir vielleicht intuitiv, was der Unternehmung zum jetzigen Zeitpunkt gut tun könnte.

Würden Sie jedoch nur auf diese spontanen Eingebungen hin Massnahmen entwickeln, ginge der tiefere Sinn des Konzeptes verloren. Die Stärke eines Konzeptes liegt darin, die eigene Denkweise in bestimmte Bahnen zu lenken und einen Ansatz von Anfang bis Ende durchzuverfolgen. Was heisst das nun aber für unseren Massnahmenkatalog?

Den Bogen schlagen von der Strategie zu den Massnahmen

Zunächst ist es am wichtigsten, sich nochmals die entwickelte Kommunikationsstrategie vor Augen zu halten. Folgende Punkte haben wir als strategiedefinierend erkannt:

- Übergeordnete Leitidee
- Definition von Verhaltensweise und Tonalität
- Frequenz/Intensität und zeitlicher Verlauf der Kommunikationsaktivitäten
- Festlegung der Priorität der Dialoggruppen
- Gewichtung der Massnahmengruppen
- Prozentuale Aufteilung des Budgets auf die zu setzenden Schwerpunkte

Sehen Sie diese Punkte als Rahmenbedingungen an, welchen sich Ihre Massnahmen unterordnen müssen. Fragen Sie sich bei jeder in Frage kommenden Massnahme, ob sie Ihre Rahmenbedingungen erfüllt und somit in die Strategie passt oder nicht.

Die Frage lautet nun: *Welche Massnahmen unterstützen die definierte Strategie am optimalsten?*

Bereits bei der Strategieerarbeitung mussten wir uns Gedanken zu den favorisierten Massnahmengruppen machen. Wenn wir in der Strategie zum Beispiel hauptsächlich auf Medienarbeit gesetzt haben, werden wir nun konkrete Aktivitäten in diesem Bereich planen. Wenn unsere Strategie hauptsächlich auf direkten Kontakten basiert, zum Beispiel auf Veranstaltungen, sollte sich diese Stossrichtung im Massnahmenkatalog ebenfalls fortsetzen. Dann geht es unter anderem darum, geeignete Veranstaltungen vorzuschlagen.

Kreativität bei den Massnahmen?

Da PR gerne mit Werbung verwechselt wird, glauben viele Leute, dass PR ein besonders kreativer Beruf ist und es hier darum geht, möglichst ausgefallene und «neue» Massnahmen zu entwickeln. «Kreativitätsgenies» sind jetzt vielleicht enttäuscht: Aber in den PR geht es im Gegensatz zur Werbung weitaus weniger um Kreativität. Vielmehr ist auch bei der Entwicklung der Massnahmen strukturiertes Denken angesagt. Zudem ist es wichtig, dass Sie sich in Ihren Kunden bzw. Ihren Auftraggeber sowie die für ihn wichtigen Dialoggruppen einfühlen können.

Natürlich ist es von Vorteil, wenn Sie ein breites Massnahmenspektrum kennen. Dazu sollten Sie möglichst früh, nicht erst bei der Konzepterarbeitung, Ideen zu sammeln beginnen. Inspirationsquellen finden sich dabei im Alltag. Sie können also ohne besonderen Effort mit wachen Augen durchs Leben gehen und gleichzeitig Ideen sammeln, um zu einem späteren Zeitpunkt auf sie zurückzugreifen.

> **Inspirationsquellen für Massnahmen**
> - Artikel über andere Unternehmungen in Zeitungen und Zeitschriften
> - Fachartikel in Kommunikationsfachmedien
> - Gespräche mit anderen PR-Verantwortlichen
> - Websites anderer Unternehmungen
> - Teilnahme an Messen (Standaufbau, abgegebene Kommunikationsmittel, Ideen für Wettbewerbe etc.)
> - Teilnahme an sonstigen Veranstaltungen: Empfänge, Apéros, Parties etc.
> - Besuch von Events
> - Publikationen: zum Beispiel Rückblicke in Geschäftsberichten (Unternehmenskommunikation)
> - Strasse
> - etc.

Diese Quellen erscheinen Ihnen vielleicht als banal. Aber Sie werden bald merken, dass sich fast überall Inspirationsquellen für Massnahmen finden. Wenn Sie auf eine Massnahme stossen, die Sie besonders originell finden, sollten Sie allerdings auch an den Kunden denken. Passt diese Massnahme zur Kultur des Unternehmens, für die Sie die Massnahme planen? Auch hier sind in der Praxis manchmal Grenzen gesetzt.

Methoden für die Erarbeitung

Wie für viele andere Arbeitsgänge gilt auch hier: Arbeiten Sie, wenn immer möglich, nicht alleine an den Massnahmen. Sind Sie alleinverantwortlich für Ihr Kommunikationskonzept und können sich nicht auf ein Team abstützen, sollten Sie den Austausch mit befreundeten Fachpersonen aus Ihrem Umfeld suchen oder anderen Personen zumindest Ihren Massnahmenkatalog unterbreiten und diesen zur Diskussion stellen. So stellen Sie sicher, dass Sie rechtzeitig auf wichtige Einwände oder auch auf weitere Ideen stossen.

Falls Sie die Möglichkeit haben, mit ein paar Leuten ein Brainstorming zu organisieren, können Sie gemeinsam einen Massnahmenkatalog erarbeiten, aus welchem Sie anschliessend die besten

Massnahmen selektionieren können. Eine für mich wertvolle Methode ist das Mind Mapping, das gleich bei der Erarbeitung eine Gewichtung und Einteilung zulässt. Gerade im Hinblick auf das Übereinstimmen von Strategie und Massnahmen ist dies eine Möglichkeit, Massnahmen strukturiert zu erarbeiten.

Beispiel:

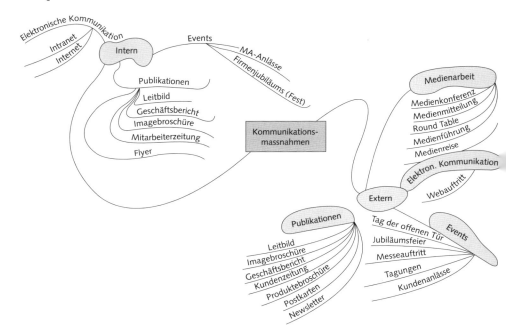

Mind Mapping ist eine kreative Technik, um Ideen zu entwickeln. Gleichzeitig lässt sich mit dem Mind Mapping auch eine Struktur in die Ideen hineinbringen. Das zentrale Wort, hier zum Beispiel «Massnahmen», steht dabei in der Mitte des Blattes in einem Kreis. Vom Kreis verlaufen Äste zu den Schwerpunkten, welche Sie innerhalb der Massnahmen entwickeln. Von diesen weg verlaufen jeweils «Äste», welche Ideen innerhalb des Schwerpunktes wiedergeben.[11]

Eine weitere Methode ist das Gegenüberstellen von Status Quo und Zukunft. Welche Basiskommunikationsmittel fehlten bisher und sind nötig zur Verfolgung der eingeschlagenen Strategie? Welche weiteren Kommunikationsmittel kommen flankierend in Frage?

2.8 Die Massnahmen

Dabei definieren wir zunächst die *Musts*, die wir als absolut zwingend erachten. Für ein KMU könnten das beispielsweise die folgenden Kommunikationsmittel sein:

Basiskommunikationsmittel	Weitere	Status Quo Unternehmung
■ Gedrucktes Unternehmensporträt	■ Tag der offenen Tür	–
■ Website	■ Firmenvideo	■ Website
■ Leitbild	■ Inserate	–
■ Geschäftsbericht	■ Publireportagen	–
■ Produkte- bzw. Dienstleistungsbroschüren	■ Medienkonferenz	■ Produktebroschüren
■ Hauszeitung	■ MA-Fest	–
■ Medienmitteilungen		

Vergleichen Sie die vorhandenen Kommunikationsinstrumente mit Ihren Kommunikationszielen und der Strategie.

- Sind die vorhandenen Kommunikationsinstrumente damit vereinbar?
- Welche weiteren Kommunikationsmassnahmen sind unverzichtbar?
- Welche Kommunikationsmassnahmen könnten ergänzend eingesetzt werden?

Wichtig ist nicht in erster Linie, welchen Weg Sie beschreiten. Vielleicht versuchen Sie es auf zwei verschiedene Arten, um das Maximum herauszuholen. Ressourcenbedingte Streichungen müssen noch früh genug vorgenommen werden. Ich würde deshalb auch davon warnen, sich bereits zu Beginn der Massnahmenphase zu sehr einzuschränken mit Gedanken ans vorhandene Budget. Im Kapitel *Übersicht bei Budgetposten*, S. 107, erfahren Sie mehr zur Abstufung von Massnahmenpaketen.

Die Darstellung

Wenn Sie geglaubt haben, dass mit der Erarbeitung geeigneter Massnahmen Ihre Arbeit erfolgreich abgeschlossen ist: Irrtum! Konzepte müssen sorgfältig schriftlich aufbereitet werden, damit Sie an eine weitere Stelle, an Kunden oder die Geschäftsleitung Ihrer Unternehmung zur Lektüre weitergereicht werden können. Deshalb beginnt Ihre Arbeit erst recht, wenn Sie einen geeigneten Massnahmenkatalog entwickelt haben. Während Sie einen langen Denkweg hinter sich haben, werden Ihre Adressaten mit diesem Katalog «kalt» konfrontiert. Sie müssen deshalb möglichst auf einen Blick das Wesentliche erfassen. Der übersichtlichen Darstellung Ihrer Kommunikationsmassnahmen kommt aus diesem Grund eine besonders wichtige Rolle zu. Sonst gehen die besten Ideen vielleicht in der «Bleiwüste» unter.

Für die Darstellung der Massnahmen gibt es kein richtig oder falsch, sondern höchstens übersichtlich oder unübersichtlich. Eine tabellenartige Auflistung schafft Übersicht auf einen Blick, wobei es je nach Konzept hilfreich ist, die Massnahmen nachträglich noch ausführlicher zu erläutern. Die Gliederung kann nach unterschiedlichen Kriterien erfolgen:

- *Chronologisch gegliedert*
  Der Verlauf der Massnahmen ist gut sichtbar auf der Zeitachse.
- *Nach Dialoggruppen*
  Im Vordergrund steht, welche Dialoggruppen mit welchen Massnahmen abgedeckt werden. Der zeitliche Verlauf ist weniger wichtig.
- *Nach Massnahmenkategorien*
  Das Schwergewicht liegt auf der Sichtbarmachung des Massnahmenmix. Sie zeigen auf, in welcher Kategorie Sie welche Massnahmen vorsehen.

Sie können auch bereits im Massnahmenkatalog massgeschneiderte Massnahmenpakete anbieten (siehe auch S.108). So machen Sie sichtbar, welche Massnahmen Sie als Basismassnahmen unbedingt empfehlen («need to have») und welche Massnahmen Sie eher als «nice to have» sehen.

2.8 Die Massnahmen

Sie können nicht allen Anforderungen gerecht werden. Sie müssen sich also entscheiden, welche Informationen Ihre Adressaten am meisten interessieren wird. Bewährt haben sich nach meiner eigenen Erfahrung einfache Tabellen in Kombination mit getrennt aufgeführten Erläuterungen für jede Massnahme. Nachfolgend finden Sie Beispiele, wie Sie Massnahmenkataloge darstellen können.

Ein Wort zum Budget: Ich würde das Budget bei umfangreichen Massnahmenkatalogen nicht auch noch in die Tabelle integrieren. In einer Tabelle können Sie keine Erläuterungen oder detailliertere Angaben zu den Kostenschätzungen abgeben. Dies wäre für Ihren Auftraggeber jedoch nützlich.

Die Evaluation

Als Konzepterin oder Konzepter ist Ihnen bekannt, dass ein Massnahmenkonzept auch laufend auf den Erfolg überprüft werden muss. Evaluationsmassnahmen verursachen Kosten, werden aber häufig erst am Ende des Konzepts genannt. Empfehlenswert ist es, diese im Massnahmenkatalog bereits aufzuführen und den allfälligen Aufwand ins Budget zu nehmen. Damit bleiben Sie von A bis Z transparent und ersparen sich Ärger, denn der Kunde bzw. Auftraggeber interessiert sich insbesondere für den Gesamtbetrag, den er auslegen muss. Also schliessen Sie den Aufwand für die Wirkungskontrolle am besten gleich mit ein.

Beispiele für die Darstellung von Massnahmenplänen

1. Gliederung nach Massnahmen
In dieser Auflistung gehen wir von den Massnahmen aus. Die Frage lautet: Welche Massnahmen setzen wir für welche Dialoggruppen ein? Der Zeitpunkt wird zwar genannt, ist aber zweitrangig. Wenn wir nach Massnahmen gliedern, verzichten wir dafür auf eine chronologische Gliederung.

Massnahmen	Dialoggruppen	Zeitpunkt
Website	Alle	Monat 1
Imagebroschüre	Alle	Monat 4

Medienkonferenz	■ Medien (als Mittler) ■ Lokalpolitiker ■ Behörden ■ Opinion Leaders ■ Breite Bevölkerung	Monat 2
Hauszeitschrift	■ Mitarbeiter ■ Ehemalige ■ Lehrlinge ■ Pensionierte ■ Standortbehörde	Ab Monat 2, fünfmal jährlich
Mitarbeiterfest	■ Mitarbeiter ■ Ehemalige ■ Lehrlinge ■ Pensionierte	Monat 4
Etc.		

2. Gliederung nach Dialoggruppen

Hier liegt das Gewicht verstärkt auf der Frage: Welche Massnahmen wirken bei welchen Dialoggruppen? Hier macht es keinen Sinn, den Zeitpunkt zu nennen.

Dialoggruppen	Massnahmen
Mitarbeiter Pensionierte Lehrlinge Ehemalige	■ Hauszeitschrift ■ Intranet ■ Mitarbeiterfest ■ Website ■ Imagebroschüre
Medien	■ Website ■ Medienkonferenz ■ Imagebroschüre
Standortbehörden	■ Website ■ Medienkonferenz ■ Imagebroschüre ■ Geschäftsbericht

Lokalpolitiker	■ Website
	■ Imagebroschüre
	■ (indirekt: Medienkonferenz)
Breite Bevölkerung	■ Website
	■ Imagebroschüre
	■ (indirekt: Medienkonferenz)
	■ Tag der offenen Tür
Etc.	

3. Chronologische Gliederung
Wenn bei Kommunikationskonzepten der zeitliche Verlauf bereits in der Massnahmenübersicht dokumentiert werden soll (zum Beispiel oft wichtig bei Teilkonzepten), ist diese Darstellungsart die geeignetste.

Zeitpunkt	*Massnahmen*	*Dialoggruppe*
Monat 1–3	Website	■ Alle
Ab Monat 2, fünfmal jährlich	Hauszeitschrift	■ Mitarbeiter ■ Ehemalige ■ Lehrlinge ■ Pensionierte
Monat 4–6	Imagebroschüre	■ Alle
Monat 5	Medienkonferenz	■ Medien (als Mittler) ■ Lokalpolitiker ■ Behörden ■ Opinion Leaders ■ Breite Bevölkerung
Monat 6	Mitarbeiterfest	■ Mitarbeiter ■ Ehemalige ■ Lehrlinge ■ Pensionierte

Zeitplan

Nun ist es an Ihnen, die Lücke zwischen dem noch theoretischen Massnahmenkatalog und der Umsetzung zu schliessen.
  Zeigen Sie Ihrem Auftraggeber in einem nächsten Schritt auf, wie Sie konkret vorzugehen gedenken. Selbst, wenn Sie sich für eine chronologische Darstellungsart beim Massnahmenkatalog entschieden haben, ist es von Vorteil, Ihre Vorgehensweise noch zu visualisieren. Dies können Sie wie folgt tun: Erstellen Sie einen Einsatzplan für Ihre Massnahmen.

Beispiel Einsatzplan

Massnahmen	Jan.	Feb.	März	April	Mai	Juni	Juli	Aug.	Sept.	Okt.	Nov.	Dez.
Massnahme 1												
Massnahme 2												
Massnahme 3												
Massnahme 4												
Massnahme 5												

Damit können Sie nun Ihre Taktik darstellen.
- Welche Massnahme wird wann eingesetzt?
- Wie häufig setzen Sie welche Massnahme ein?
- Welche Intensität ist vorgesehen?
- Was bewirken Sie damit?

Je nach Komplexität Ihres Massnahmenkatalogs werden Sie dazu mehr oder weniger ins Detail gehen. Das Beispiel zeigt einen Jahresplan, bei Konzepten werden Sie nach dem selben Muster auch Mehrjahrespläne aufbauen müssen. Wichtig ist, dass Sie Ihre Taktik auf der vorgängig formulierten Strategie aufbauen.

> **Beispiel aus der Praxis**
> **Zwei Umweltorganisationen schliessen sich zusammen**
>
> Der Zusammenschluss zweier Organisationen ist ein Grund, ein Kommunikationskonzept neu zu erstellen und die zukünftige Kommunikationsstrategie und den Massnahmenmix genau zu planen.
>
> Bei beiden Organisationen handelte es sich um Fachorganisationen – die eine mit dem Schwerpunkt Gewässerschutz und Lufthygiene, die andere im Bereich Abfall – deren Mitgliederkreise sich teilweise überschnitten, teilweise aber auch unterschieden. Für den Zusammenschluss liessen die beiden Organisationen gemeinsam ein Kommunikationskonzept erstellen.
>
> Intern ging es darum, die beiden Organisationskulturen auf eine optimale Weise in Einklang zu bringen. Extern mussten die beiden teilweise unterschiedlichen Mitgliederkreise (Unternehmungen, Grossisten, Behörden, Umweltschutzfachstellen) sorgfältig auf den Zusammenschluss vorbereitet werden und zudem galt es das Vertrauen in die neu entstehende Organisation aufzubauen. Der Entscheid der bestehenden Mitglieder, bei der neuen Organisation zu verbleiben, sollte mittels geeigneter Kommunikationsinstrumente bekräftigt werden.
>
> Ebenso ging es darum, die bisher unterschiedlichen Kommunikationsinstrumente in geeigneter Weise abzugleichen und, wo nötig, neue Kommunikationsmittel zu realisieren. Nebst der Entwicklung eines neuen Namens und der Kreation eines Erscheinungsbilds bildete die Begleitung des Übergangs in die Stiftung eine Herausforderung für die Kommunikation.
>
> Es war das Ziel, die neue Fachorganisation als die bekannteste umweltpolitisch tätige Fachorganisation für den Umweltschutz zu profilieren (im Vergleich zu den Publikumsorganisationen in diesem Bereich wie WWF oder Greenpeace).
>
> Der Massnahmenmix sah wie folgt aus:
>
> *Vorphase*
> - Strategiediskussion und Ausarbeitung des Leitbildes
> - Medienmitteilung anlässlich der Genehmigung des Zusammenschlusses durch die GV beider Organisationen
> - Schriftliche Information der Mitglieder, Umweltverbände, Beeinflusser, Lieferanten etc.

Hauptphase
- Kreation Name und Erscheinungsbild
- Leitbild
- Imageprospekt
- Anpassung der Fach- und Mitgliederzeitschrift
- Formulierung der Medienstrategie für die neue Organisation

Startaktion
- Fachtagung mit hochdotierten Referenten und Festakt
- Medienarbeit rund um die Fachtagung

Kommunikation «Erstes Betriebsjahr»
- Auflage der Mitgliederzeitschrift an Tagungen und Messen

Während der Phase des Zusammenschlusses liefen die bewährten *Standardmassnahmen* weiter, stellenweise wurden leichte Adaptionen vorgenommen:
- Website
- Newsletter, sechsmal jährlich (Print und elektronisch)
- Fach- und Mitgliederzeitschrift
- Veranstaltungen von Fachtagungen (wie bisher)
- Medienmitteilungen zu wichtigen umweltpolitischen Themen (wie bisher)
- Fachmedienarbeit (wie bisher)

Indem die Zielsetzungen im Vorfeld des Zusammenschlusses klar formuliert worden waren, konnte die neue Organisation ihre Kommunikation von Beginn weg auf diese Ziele konzentrieren. Die Startveranstaltung stützte die Ausrichtung als Fachorganisation in Umweltschutzfragen für Behörden und Unternehmungen, indem internationale Fachreferenten auftraten und der Gründungsakt gut in die fachliche Thematik eingebettet wurde.

Wie im Konzept vorgeschlagen, wurde sehr rasch ein Leitbild erarbeitet, während dessen Entstehung noch gewisse Anpassungen der Zielsetzungen vorgenommen wurden. Die eigene Ausrichtung, die Werthaltung etc. sind heute klar festgelegt und können nach innen und aussen kommuniziert werden.

Die neue Organisation verfügt heute über einen einheitlichen Auftritt und der Zusammenschluss wurde von den Zielgruppen gut akzeptiert. Die Kündigungen von Mitgliedschaften hielt sich während der Übergangsphase in Grenzen und konnte durch die Neueintritte kompensiert werden. Es kam also nicht zu einem Mitgliederschwund, wie vor dem Zusammenschluss befürchtet worden war.

2.8 Die Massnahmen

Ein Dauerthema bleibt, ob sich die Fachorganisation nach dem Zusammenschluss auch an ein breiteres Publikum wenden soll.

Bisher nicht umgesetzt wurde die im Konzept vorgeschlagene Entwicklung einer Medienstrategie. Die Kommunikation mit der breiten Öffentlichkeit erfolgte nur mittels spezifischer Themenkampagnen, die aufgrund ihres Themas medienwirksam waren. In internen Gremien gab die Frage, ob die Kommunikation mit den Breitenmedien einen grösseren Stellenwert erhalten sollte, wiederholt zu Diskussionen Anlass. Die Ansichten gehen auseinander, wie sehr die Präsenz in den Publikumsmedien die Glaubwürdigkeit und das Prestige der Fachorganisation steigern könnte. Diese richtet sich ja in erster Linie an ein Fachpublikum und geniesst bei den Fachmedien eine hohe Akzeptanz. Deshalb, und nicht zuletzt auch aufgrund der beschränkten finanziellen und personellen Ressourcen, blieb die Medienstrategie bisher auf der Strecke.

Budget und Organisation

Sie werden möglicherweise verwirrt sein, dass dieses Kapitel sowohl die Budgetierung als auch das Thema Organisation umfasst. Diese Themenbereiche sind jedoch eng verknüpft miteinander. Wenn Sie bis hierher ein schlüssiges Konzept entworfen haben und nun den Kostenaufwand berechnen, dürfen Sie nicht nur die «Nettokosten», also die Kosten für die Realisation der Massnahmen, einberechnen. Mit Ihrem Massnahmenpaket lösen Sie auch im personellen Bereich Aufwände aus. Sie müssen sicherstellen, dass die von Ihnen vorgeschlagenen Massnahmen von «jemandem» umgesetzt und in geeigneter Weise begleitet werden können. Die zukünftige Organisation des PR-Teams spielt deshalb in die Budgetfrage stark hinein.

Der Einbezug aller relevanten Kostenfaktoren

Das Budgetieren von Kommunikationsmassnahmen umfasst also mehr als die Abschätzung des blossen *Aufwands für die Realisation der Massnahmen*. Die folgenden Faktoren müssen beim Budgetieren einbezogen werden:

- Personalkosten
- Evaluationskosten
- Nebenkosten

Ein Massnahmenpaket, das zum Beispiel über einen Zeitraum von zwei Jahren durchgeführt werden soll, erfordert nebst den «Sachkosten» insbesondere personelle Ressourcen. Die Budgetfrage verbindet sich hier automatisch mit der Organisationsfrage. Von wem und wie soll ein zukünftiges Massnahmenpaket abgewickelt werden?

In einer PR-Abteilung gibt es Stellenprozente und eine budgetierte Lohnsumme. Sollen die Massnahmen weitgehend ohne externe Hilfe lanciert werden, so müssen die internen Kapazitäten rechtzeitig überprüft und bei Bedarf angepasst werden. Schweigt sich ein

Konzept über den anfallenden personellen Aufwand aus, ist unklar, ob es umgesetzt werden kann.

Sind die Ressourcen nachweislich zu knapp, planen Sie entsprechende externe Manpower bereits ins Konzept ein oder Sie skizzieren zumindest die personellen Voraussetzungen zur Realisation eines Massnahmenpakets.

Operative Durchführung der Massnahmen klären

Gehen Sie deshalb folgende Punkte durch, um eine angemessene Organisation sicherzustellen:

- Wieviel personeller Aufwand ist insgesamt nötig?
  (in Stellenprozenten oder Stunden)
- Wer trägt die Gesamtverantwortung für die Realisation der Massnahmen?
- Wer übernimmt die Projektleitung?
- Wer übernimmt die Umsetzung?
- Wer übernimmt die Ergebniskontrolle
  bzw. die Qualitätssicherung?
- Sind die personellen Ressourcen der PR-Abteilung ausreichend?
- Müssen externe Partner zugezogen werden?
- Wenn ja, in welchem zeitlichen Umfang?
  (ungefähre Anzahl Stunden)
- Welche Spezialisierung müsste ein allfälliger externer PR-Partner haben?
- Welcher (zeitliche, eventuell weitere) Aufwand ist nötig, um mögliche PR-Partner zu evaluieren?
- Wer übernimmt die Evaluation von externen PR-Partnern?

Skizzieren Sie in Ihrem Konzept mögliche Szenarien, wie die Kommunikationsmassnahmen organisatorisch realisiert werden können. Dies ist wichtig, weil ein noch so schönes, in sich stimmiges Konzept nichts wert ist, wenn es nicht umgesetzt wird. Es kann Ihnen also weder als externe Auftragnehmerin noch als internem Auftragnehmer egal sein, wer was, wo, wie umsetzen wird.

Überprüfen Sie die PR-Strukturen

Überprüfen Sie routinemässig auch die internen PR-Strukturen, innerhalb welcher eine Unternehmung arbeitet. Wenn Sie das Konzept nicht selbst erarbeiten, dann bitten Sie Ihre Agentur oder Ihren PR-Profi, auch eine generelle Beurteilung der PR-Strukturen abzugeben.

PR sind ein Führungsinstrument. Das heisst: Der oder die PR-Verantwortliche gehört in die Geschäftsleitung, weil sie hauptsächlich für die Unternehmenskommunikation und nicht für die Unterstützung des Marketings zuständig ist. Es gibt jedoch noch immer Unternehmungen und Organisationen, in welchen die PR-Abteilungen, dem Marketing unterstellt und erst noch personell unterdotiert sind. Dies ist ein Hinweis darauf, dass die PR in der Unternehmung keinen grossen Stellenwert einnehmen und es ist vielleicht auch der Grund, weshalb die PR-Programme keine Wirkung zeigen. Legen Sie die organisatorischen Bedingungen, unter welchen Ihr Konzept funktioniert, schriftlich nieder und räumen Sie diesem Aspekt auch in der Präsentation genügend Zeit ein.

Beispiel aus der Praxis
Wenn die Strukturen nicht stimmen...

Die Organisationsstruktur einer Non-Profit-Organisation, in die ich aufgrund meiner Arbeit Einblick erhielt, sah bezüglich Kommunikation wie folgt aus:

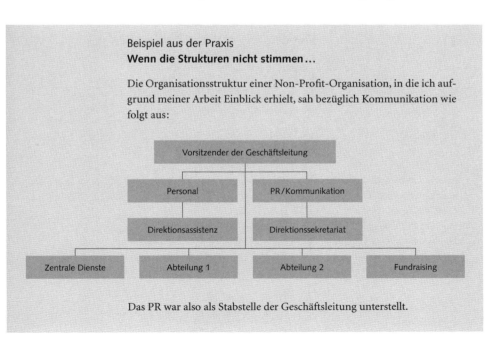

Das PR war also als Stabstelle der Geschäftsleitung unterstellt.

Die Erarbeitung des Kommunikationskonzeptes

Die für das Fundraising verantwortliche Person war Mitglied der Geschäftsleitung, nicht aber die PR-Verantwortliche, deren Stelle neu geschaffen worden war. Diese Struktur war deshalb problematisch, weil die PR-Verantwortliche zwar für die Kommunikation auf Corporate Ebene und somit für übergeordnete Kommunikationsstrategie verantwortlich war, faktisch jedoch wenig Einfluss auf die Kommunikation der Fundraising-Abteilung hatte. Daraus ergaben sich schwerwiegende Schnittstellenprobleme, die zu dem Zeitpunkt aufbrachen, als nach einem Strategiewechsel die neue Corporate Identity hätte kommuniziert werden müssen.

Die Fundraisingabteilung konnte aufgrund ihrer starken Stellung in der Organisation weiterhin eigene Kommunikationsinhalte und PR-Schwerpunkte in den Vordergrund stellen. Eine gesamtheitliche Linie, welche die Corporate Identity mit einheitlichen Botschaften gestützt hätte, war auf diese Weise nicht möglich. Um wirksame Kommunikationsmassnahmen einleiten und nach dem «*one company – one voice*»-Prinzip kommunizieren zu können, mussten zuerst auf der organisatorischen Ebene die richtigen Voraussetzungen geschaffen werden. Nach erfolgter Reorganisation präsentiert sich die neue Organisationstruktur nun wie folgt:

Die Kommunikation und das Marketing wurden in einer Abteilung zusammengefasst. Das Fundraising ist lediglich ein Teilbereich des Dienstleistungsmarketings und nicht mehr in der Geschäftsleitung. Diese Aufgabe wird nun von der Leitung der gesamten Kommunikations- und Marketingabteilung wahrgenommen.

2.9 Budget und Organisation

Das Budgetieren von PR-Massnahmen

Wie bereits im Kapitel *Das Briefing*, S. 33 ff., erwähnt, sollte das zur Verfügung stehende Budget bereits früh ein Thema sein. Erläutern Sie dem Auftraggeber, weshalb Sie sich für dieses interessieren. Oft haben diese nämlich das Gefühl, es gehe nur darum, dass externe Auftragnehmer das grösste Auftragsvolumen für sich herausholen wollten. Dem ist nicht so. PR-Profis können besser arbeiten, wenn sie das Jahresbudget eines Kunden bereits vor der Konzeptentwicklung kennen. Es ist ein wesentlicher Unterschied, ob für ein Massnahmenpaket Fr. 30'000 oder Fr. 300'000 zur Verfügung stehen, wobei auch mit kleineren Budgets (bei kleineren Organisationen) etwas erreicht werden kann. Dennoch sind die Grössenordnungen für die angemessene Planung sehr wichtig.

▶ **Tipp**
Wenn das Konzept im Auftrag der GL in-house erarbeitet wird:
Die Budgetfrage frühzeitig ansprechen.
- Von welchem Kommunikationsbudget geht die GL aus?
- Welche Ressourcen stehen intern zur Verfügung?
- Ist zum Beispiel eine Erweiterung der PR-Abteilung denkbar?

Je mehr Sie über die Absichten der Geschäftsleitung wissen, desto besser können Sie Ihr Konzept darauf abstimmen. Vorsicht bei zu engen Budgetvorgaben: Beschränken Sie in solchen Fällen die Leistungen bzw. Massnahmen auf ein realistisches Mass. Versuchen Sie nicht, das Unmögliche möglich zu machen. Sie werden sonst hohe Erwartungen enttäuschen und am Ende dafür auch noch Kritik einstecken, wenn Sie scheitern.

Wenn Sie als externer Partner ein Konzept erarbeiten:
Versuchen Sie auch als externer Partner, möglichst früh herauszufinden, von welchem Budget ein Kunde ausgeht. Ist dieses unrealistisch, dann signalisieren Sie das bereits zu Beginn der Arbeit. Es gibt leider immer noch (vereinzelt) Kunden, die für unheimlich wenig Geld unheimlich viel erwarten!

Sie haben folgende Möglichkeiten, ein Budget zu erarbeiten:

- *Zero based Budgeting*
  Sie beginnen von 0, ohne frühere PR-Programme und deren Budgets zu berücksichtigen. Vorteil: Sie nehmen keinen Ballast mit aus früheren Budgets. Nur das wirklich Notwendige findet Eingang ins Budget. Nachteil: Eventuell werden Massnahmen aus früheren Jahren nicht mehr weitergeführt.

- *Abstellen auf das Vorjahresbudget*
  Vorteil: Gibt eine Vergleichsmöglichkeit und damit eine gewisse Sicherheit, fällt im Falle einer Ersterarbeitung des Konzeptes weg. Nachteil: Ist problematisch, weil damit möglicherweise keine neuen Massnahmen zugelassen werden, da diese das Budget verändern würden.

- *Abstellen auf ein vorher definiertes Budget und Verteilung der Ressourcen auf die Massnahmen*
  Vorteil: Budgetüberschreitungen sind von vornherein ausgeschlossen. Nachteil: Flexibilität. Es wird nicht nach dem wirklichen Kommunikationsbedarf budgetiert, sondern das Geld nach dem Giesskannenprinzip aufgeteilt. Dabei besteht die Gefahr, dass wichtige Massnahmen nicht realisiert werden.

- *Anpassung Ihres Kommunikationsbudgets an dasjenige der Mitbewerber*
  Vorteile: Keine. Nachteil: Das Budget basiert nicht auf den Bedürfnissen Ihrer eigenen Organisation.

Welche Variante Sie wählen, kommt auf den Kunden bzw. Auftraggeber und Sie selbst an. Prüfen Sie die Situation und wägen Sie ab, welche Methode für Ihren «Fall» am geeignetsten erscheint.

Im Kommunikationskonzept werden Sie noch nicht in der Lage sein, genaue Summen für die einzelnen Massnahmen zu bezeichnen. Zu viele Angaben fehlen Ihnen noch. Dennoch sollte es möglich sein, ungefähre Richtgrössen für die einzelnen Massnahmen festzulegen. Kosten beziffern zu können, ist Erfahrungssache. Wenn Sie für gewisse Massnahmen erstmals Kostenschätzungen machen oder unsicher sind, sollten Sie sich entweder bei Berufskolleginnen und -Kollegen erkundigen oder Richtofferten einholen. Dafür müssen Sie, zum Beispiel im Bereich Produktionskosten, Annahmen treffen. Manchmal können Sie auch Zahlen bei der Unternehmung selbst in Erfahrung bringen, zum Beispiel die bisherige Auflage eines Geschäftsberichts, die Druckart, interne oder externe Redaktion etc. Diese Rahmenbedingungen können Sie als Beispiel ins Konzept übernehmen, damit man nachvollziehen kann, wovon Sie ausgegangen sind.

Wenn Sie beispielsweise die Produktion einer DVD planen und keine Ahnung haben, was diese Massnahme kostet, fragen Sie eine Produktionsfirma an, in welcher Preisspanne die Kosten zu erwarten sind. Von den Spezialisten erhalten Sie wertvolle Angaben, zu welchem Preis welche Qualität und Leistungen möglich sind.

Übersicht bei Budgetposten

Es ist nicht ganz einfach, bei einem ganzen Massnahmenpaket die Kostenseite übersichtlich darzulegen. Seien Sie sich aber bewusst, dass dies diejenige Frage sein wird, die den Kunden – in-house oder extern – am meisten interessieren wird. Sie tun also gut daran, sich zu überlegen, wie Sie die Budgetposten so aufführen, dass der Kunde die Übersicht hat. Als Konzepterin oder Konzepter neigt man dazu, alles auf einmal sagen zu wollen. So habe ich Budgetangaben oft direkt in den Massnahmenraster integriert. Ich würde davon aber eher abraten. Tabellenartige Massnahmenraster schränken platzmässig ein und verunmöglichen weitergehende Erläuterungen. Ausserdem wird der Leser auf diese Weise von den Massnahmen abgelenkt und konzentriert sich nur auf die Kosten.

Mein Vorschlag: Stellen Sie ein Budget in einer separaten Tabelle auf, in welcher Sie Agentur-, Produktions-, Equipment- und weitere Projektkosten je nach Komplexität ausdifferenzieren können.

Realistisch bleiben

Wie bereits im Kapitel *Massnahmen* erwähnt, ist es empfehlenswert, die Kostenfrage schon bei der Erarbeitung der Massnahmen im Hinterkopf zu haben. Es nützt niemandem etwas, wenn die Ideen zwar super, aber leider nicht finanzierbar sind.

Die Erarbeitung des Kommunikationskonzeptes

▶ **Tipp**

Schnüren Sie Massnahmenpakete und arbeiten Sie mit Varianten. Stellen Sie als Orientierungshilfe eine «Must»-, eine «Mezzo»- und eine «Rolls-Royce-Variante» zusammen. Keine Angst: Nach meinen Erfahrungen sind interne und externe Kundinnen und Kunden oft bereit, über die «Must»-Variante hinauszugehen. Die Unterteilung hilft diesen jedoch, eine Entscheidung zu treffen. Ausserdem zeigen Sie damit auf, wo Sie als Kommunikationsprofi die unterste Grenze sehen. Sie können bei den zwei letzten Varianten zusätzlich den Nutzen herausstreichen, welchen diese gegenüber der «Must»-Variante haben.

Die Wirkungskontrolle

Es wäre anzunehmen, dass bei Kommunikationskonzepten bzw. der Realisation von Massnahmen zwingend eine professionelle Wirkungskontrolle stattfinden müsste. Wenn auch viel darüber geredet wird: Die Realität sieht anders aus. Dafür gibt es die folgenden sechs Hauptgründe:

- Exakte Methoden bzw. ein Instrumentarium für die Wirkungskontrolle in den PR sind immer noch wenig verbreitet.
- Wie ist die PR-Wirkung isoliert zu «messen»? Die Public Relations spielen mit anderen «Disziplinen» zusammen (Marketing, Unternehmensführung etc.). Es ist deshalb problematisch, eine bestimmte Wirkung nur auf die PR-Massnahmen alleine zurückzuführen.
- Die von den PR eingeleiteten Massnahmen müssen dauernd wiederholt werden, um eine nachhaltige Wirkung zu erzielen. Einmalig richten sie oft wenig aus. Die «Messung» der Wirkung müsste also korrekterweise während einer längeren Zeitspanne immer wieder erfolgen, um die Wirkung genau erfassen zu können. Dafür fehlt sehr oft die Zeit und das Geld.
- In Unternehmungen und Organisationen wird der Wirkungskontrolle eher wenig Bedeutung beigemessen, so dass dafür zu wenig Geld budgetiert wird.
- Die Wirkungskontrolle ist nicht die Kernkompetenz der PR-Agenturen, weshalb diese auch agenturseitig vernachlässigt wird.
- PR-Kampagnen und -Massnahmen werden oft unter hohem Zeitdruck entwickelt. Dabei werden Massnahmen für die Wirkungskontrolle eher vernachlässigt.

Grundsätzlich gibt es zwei interessante «Grössen»:

- Die Qualität des Kommunikationskonzeptes
- Die Qualität der aus dem Kommunikationskonzept resultierenden «PR-Kampagne»

Ins Kommunikationskonzept integrieren müssen Sie selbstverständlich nur Massnahmen zur Überprüfung der aus dem Konzept resultierenden Kommunikationsaktivitäten. Sie können mit der Wirkungskontrolle schon beginnen, bevor Sie mit Ihren Massnahmen nach aussen treten (Pretests) oder erst danach (Posttests). Mit Pretests versucht man die Wirkung bestimmter PR-Massnahmen an Versuchsgruppen zu ermitteln analog zu den Pretests in der Werbung, wo Produkte vor ihrer Lancierung an bestimmten Anspruchsgruppen oder auf Testmärkten ausprobiert werden, bevor sie definitiv auf den Markt kommen. Anders als beim Markttest einzelner Produkte leben die PR allerdings von einem Zusammenspiel verschiedener Massnahmen. Diese lassen sich im Verbund kaum testen, so dass ein Pretesting höchstens auf einzelne Massnahmen anwendbar ist.

Die Qualität des Kommunikationskonzeptes

Die von DÖRRBECKER/FISSENEWERT-GOSSMANN bei deutschen PR-Agenturen durchgeführte Umfrage[12] zeigt, dass im Bereich der Qualitätsbemessung des Konzeptes kein Standardinstrument besteht. Häufig werden in den Agenturen entwickelte Kommunikationskonzepte von den erfahrenen PR-Kolleginnen und -Kollegen auf ihre Qualität hin überprüft. Sind Sie allerdings als PR-Verantwortliche oder PR-Beauftragter allein auf weiter Flur, wird Ihnen dies kaum weiterhelfen.

Ein Fragenkatalog im Sinne einer Selbstüberprüfung kann helfen, das eigene Konzept nochmals kritisch auf Schwachpunkte durchzugehen. Sie finden einen solchen im Kapitel 5.1 (S.139). Auch das Vorgehen nach dem Konzeptraster bietet keine Garantie dafür, dass Ihr Konzept qualitativ einwandfrei ist. Es kommt sehr darauf an, wie Sie diesen Raster gefüllt haben.

Falls Sie das Konzept alleine erarbeitet haben, empfiehlt es sich in jedem Falle, dies entweder von einer Fachkollegin bzw. einem Fachkollegen aus Ihrem Bekanntenkreis lesen zu lassen oder eine Fachperson (PR-Beratung/Agentur) mit dem Gegenlesen zu beauftragen.

▶ **Tipp**
Wenn Sie in eine Unternehmung oder Organisation integriert sind, können Sie ein Projektteam zusammenstellen, das Sie zum Beispiel bei der Recherche unterstützt, Inputs zur Strategie und den Massnahmen einbringt und während der gesamten Erarbeitungsphase die Rolle der kritischen Begleitung einnimmt. Voraussetzung ist, dass die Mitglieder ein hohes Kommunikationsverständnis (zum Beispiel aus dem Umfeld Marketing, Human Resources) mitbringen und in der Lage sind, die Unternehmung als Gesamtsystem wahrzunehmen.

Die Qualität der aus dem Kommunikationskonzept resultierenden «PR-Kampagne»

Wie soll nun aber Wirkung der durchgeführten PR-Massnahmen gemessen werden? Nach den gemachten Einschränkungen gibt es immerhin bestimmte Elemente, die ausgewertet werden können. Insbesondere können die organisatorischen Abläufe und die Medienarbeit überprüft werden:

Allgemein
- Wo steht die Unternehmung heute?
  (Positionierungsschema Soll/Ist-Vergleich Eigenbild)
- Wie hoch ist der Zielerreichungsgrad?
  (allerdings oft nur subjektive Beurteilung möglich)
- Interne Wahrnehmung: Umfrage bei den Mitarbeitenden

Operative Qualität
- Wie war der organisatorische Ablauf zur Realisation der Massnahmen
  (Zusammenarbeit mit der Agentur bzw. in der PR-Abteilung, mit Lieferanten etc.)

- Wie war die zeitliche Einhaltung des Ablaufplanes?
- Konnte das Budget eingehalten werden?
  Wenn nein, weshalb nicht?
- Welche Ereignisse behinderten die Durchführung der Massnahmen?
  Waren diese vorhersehbar?

Qualität der Medienarbeit
- Wie war das Medienecho punkto Präsenz/ geografische Verteilung?
- Haben die Medien unsere Kommunikationsinhalte verstanden?
- Wurden diese korrekt wiedergegeben?
- Waren wir es, welche die Medienarbeit aktiv steuerten oder waren unsere Medienkontakte hauptsächlich reaktiv?
  (= Input/Output-Analyse, Verhältnis in Prozent)

Medienüberwachung
Während die Beurteilung der operativen Qualität durch den Kunden bzw. die Agentur erstellt werden kann, erfolgt die Auswertung der Medienarbeit meist durch Medienclippings. So erhält ein Ausschnittservice[13] den Auftrag, den Medienoutput in Bezug auf bestimmte Stichworte (Firmenname, Aktivität selbst etc.) und während eines bestimmten Zeitraums zu überwachen. Auch elektronische Medien können in den Auftrag einbezogen werden. Auch ist eine Überwachung auf unbestimmte Zeit möglich.

Mit Medienclippings erhalten Sie insbesondere eine Übersicht darüber, in welchen Medien und in welchen geografischen Räumen Ihre PR-Aktivitäten mit welcher Frequenz präsent waren. Geschäftsleitungen nehmen dicke Ordner mit Medienclippings jeweils gern zur Kenntnis, ebenso die PR-Schaffenden selbst, sind sie doch praktisch das einzige messbare Resultat ihrer Arbeit. Allerdings sagen Medienclippings ohne inhaltliche Auswertung nichts darüber aus, ob die von den Medien übermittelten Kommunikationsinhalte bei den Leserinnen und Lesern angekommen sind und ob sie verstanden wurden. Auch über den Erinnerungswert in der Öffentlichkeit lassen sich damit keine Aussagen machen. Weiter ist zu bedenken, dass es auch Dialoggruppen gibt, die keine Medien konsumieren.

2.10

Der deutsche GPRA hat mit der Medienresonanzanalyse ein computergestütztes Instrument entwickelt, das auch eine inhaltsanalytische Auswertung der Medienclippings ermöglicht.[14] Sie können natürlich auch selbst eine Inhaltsanalyse durchführen, um zu weiteren Informationen zu kommen. Interessant sind Fragen wie:

- In welcher Rubrik und in welchem journalistischen Stil wurde ein Artikel über Ihre Unternehmung veröffentlicht?
- Wo war er plaziert?
- Wurden eventuell mitgelieferte Fotos oder andere Fotos mit dem Artikel publiziert?
- Wurde die Kernbotschaft der Medienmitteilung (eventuell Medienkonferenz) in Ihrem Sinn publiziert?
- Waren die gemachten Aussagen zur Unternehmung positiv oder negativ?
- Wieviel Platz nahm der Artikel ein?
- Wer war die Autorin bzw. der Autor?
- Wurden wichtige Details weggelassen, die den Sachverhalt verzerren?

Dieselbe Analyse lässt sich auch für Berichterstattungen in den elektronischen Medien machen. Auch für diese gilt: Ein Überwachungsauftrag ist die einfachste und effizienteste Methode, um die tatsächliche Verbreitung einer Medieninformation erfassen zu können.

Meinungsumfragen/Gespräche

Repräsentative Meinungsumfragen wären ein probates Mittel, um Image- oder Verhaltensänderungen zu messen. Sie kommen in den PR als Instrument der Wirkungskontrolle allerdings eher selten zur Anwendung, weil sie sehr aufwändig und teuer sind. Kaum ein Kunde im KMU-Bereich ist bereit, für eine Wirkungskontrolle eine Meinungsumfrage in Auftrag zu geben.

Bleibt der nicht-repräsentative Bereich. So kann es wertvoll sein, an Veranstaltungen oder in Publikationen den Dialoggruppen einen Fragebogen zu präsentieren und einen Feedback einzuholen. Ebenso können Gespräche mit Medienvertretern, Beeinflussern oder Opinion Leaders einen Einblick geben, ob die Zielsetzungen erreicht wurden.

Zum Beispiel kann das Image anhand des Polaritäten-Profils abgefragt werden. So müssen die Befragten sich zwischen Gegensatzpaaren jeweils entscheiden, wo auf der Skala zwischen den Paaren sie eine entsprechende Einschätzung ansiedeln. Anschliessend werden das gewogene arithmetische Mittel pro Gegensatzpaar berechnet und die jeweiligen Mittelwerte miteinander verbunden. Das entstehende Profil ist das Polaritätenprofil. Werden in verschiedenen Phasen der Kommunikation jeweils Polaritätenprofile erstellt, werden die Veränderungen in der Einschätzung ersichtlich. Allerdings ist eine bestimmte Verzerrung nicht auszuschliessen, wenn an der zweiten Befragung nicht dieselben Leute befragt werden. Ausserdem muss sichergestellt werden, dass die Probanden-Gruppe auch tatsächlich mit allen PR-Massnahmen gleich gut erreicht wurde.

Einfaches Polaritätenprofil einer Unternehmung

	Skala	
emotional	x	sachlich
offen	x	verschlossen
aktiv	x	passiv
lebendig	x	langweilig
beweglich	x	starr
warm	x	kühl

Kennzahlen auch für die PR?

PFLAUM/LINXWEILER[15] sehen als ein mögliches zukünftiges Überprüfungsinstrument die Definition von PR-spezifischen Kennzahlen analog zu betriebswirtschaftlichen Kennzahlen. Dies ist ein interessanter Ansatz, da auch die PR in verstärktem Masse das Verhältnis von Aufwand und Ertrag aufzeigen müssen. Allerdings sind dafür verlässliche Branchenzahlen sowie ein taugliches Instrument für deren Erhebung die Voraussetzung.

2.10 Die Wirkungskontrolle

Wirkungskontrolle einplanen
Trotz der zugegebenermassen nicht ganz einfachen Ausgangslage sollten auch Kleinere und mittlere Unternehmungen eine Wirkungskontrolle ihrer PR-Massnahmen durchführen und überprüfen, ob ihre PR-Ziele erreicht werden konnten. Planen Sie deshalb Massnahmen zur Überprüfung des Erfolgs fix in Ihr Konzept ein und vergessen Sie nicht, diese auch zu budgetieren.

Die bessere Messbarkeit in Bezug auf die Wirkung von PR-Massnahmen ist ein noch nicht ausgeschöpftes, aber zwingend zu beackerndes Thema der kommenden Jahre. Es wird die Aufgabe der PR-Schaffenden sein, ein funktionierendes Messinstrumentarium für ihren Bereich zu entwickeln. Ansonsten mag es nicht verwundern, wenn die PR mehr und mehr von Marketingstrategen vereinnahmt werden, welche ihre Anstrengungen mit handfestem Zahlenmaterial belegen und somit ihren Nutzen für die Organisation besser darlegen können.

▶ **Tipp**
- Starten Sie dort, wo es verlässliche Indikatoren gibt, nämlich bei der Medienüberwachung.
- Erstellen Sie eine inhaltliche Medienanalyse oder vergeben Sie einen entsprechenden Auftrag.
- Beachten Sie insbesondere Leserbriefe, die sich auf Ihre Unternehmung bzw. Organisation beziehen.
- Nehmen Sie sich Zeit für qualitative Gespräche mit einer begrenzten Zahl von Geschäftspartnern, Kunden, Medienvertretern, Opinion Leaders, Beeinflussern oder Vertretern anderer wichtiger Dialoggruppen. Planen Sie diese bereits vor der Lancierung Ihres Massnahmenpakets und wiederholen Sie die Gespräche nach der Lancierung. Gehen Sie nach einem Fragenkatalog vor, der sich an der Zielerreichung orientiert.
- Lancieren Sie interne Umfragen in der Hauszeitschrift oder auf dem Intranet, zum Beispiel in Kombination mit einem Wettbewerb.
- Nutzen Sie die Website als Kontrollinstrument. Lassen Sie Statistiken erstellen über Zugriffsraten, über die Zugriffe auf bestimmte Inhalte etc.

Die Erarbeitung des Kommunikationskonzeptes

- Bieten Sie auf Ihrer Website ein einfaches und auswertbares Feedbacktool an.
- Nutzen Sie Veranstaltungen zur Auflage von kurzen schriftlichen Umfragen oder lassen Sie eine Gruppe von Befragern zirkulieren, welche die Umfrage mündlich durchführen.
- Bilden Sie vor der Lancierung eine Feedbackgruppe mit Vertretern der wichtigsten Dialoggruppen, welche Sie während der gesamten Umsetzungsphase begleitet. Ziehen Sie diese sowohl für ein einfaches Pretesting, zum Beispiel bei Publikationen oder elektronischen Produktionen in Rohform bei, im Hinblick auf eine dialoggruppengerechte Ansprache. Holen Sie während der Umsetzungsphase regelmässige Feedbacks ein.
- Erstellen Sie zu wichtigen Massnahmen bzw. zu den Konzeptphasen Schlussberichte, welche die gemachten Erfahrungen festhalten und auf die Sie später zurückgreifen können. Sie dokumentieren so die Veränderungsprozesse in der Unternehmung.

3 Die Präsentation

3 Die Präsentation

Das Konzept steht und damit beginnt eine neue Phase, nämlich die Übermittlung des Inhalts an Ihren Auftraggeber. Am einfachsten wäre es, das Konzept einfach in einen Umschlag zu stecken und zur Post zu bringen bzw. einem internen Auftraggeber auf den Tisch zu legen. Dies werden Sie jedoch unter keinen Umständen tun.

Mit der schriftlich sauberen Darlegung Ihrer Überlegungen haben Sie noch keine Gewähr, dass Ihr Auftraggeber das gesamte Papier wirklich liest. Ausserdem besteht, wie bei jedem schriftlichen Erzeugnis, die Gefahr, dass Ihr Gegenüber etwas nicht oder falsch versteht. Vereinbaren Sie deshalb, wie bereits im Kapitel *Das Briefing*, S. 33 ff., erwähnt, zwei Präsentationstermine: den einen für die Zwischenpräsentation, wenn Sie die Situationsanalyse erstellt haben, den anderen für die Konzeptpräsentation. Stellen Sie sicher, dass Sie vor den Entscheidungsträgern präsentieren können. Ebenfalls sollte die Dauer der Präsentation festgelegt werden.

Der Präsentationsaufbau

Für den Aufbau der Präsentation gibt es mehrere Möglichkeiten. Am einfachsten ist es natürlich, wenn Sie dem Konzeptraster folgen. Nicht immer ist dies auch für Ihr Publikum der spannendste Weg. Um der Präsentation mehr Pfiff zu verleihen, können Sie zum Beispiel auch mit den Resultaten beginnen und anschliessend begründen, weshalb Sie so vorgegangen sind. Wenn Sie unsicher sind und keine grosse Präsentationserfahrung haben, ist erstere Methode die sicherere.

Passen Sie in jedem Fall die Präsentation dem Kenntnisstand der Zuhörenden an. Hier treffe ich die Annahme, dass die Zuhörenden von der Zwischenpräsentation her bereits Ihre Situationsanalyse kennen. Sie werden also Ausgangslage und Situationsanalyse im Zeitraffer präsentieren und sich auf die *Strategie* und *Massnahmen* konzentrieren.

Elemente einer Konzeptpräsentation

1. Begrüssung und Einleitung
   (Begrüssung, Vorstellen der Präsentierenden,
   Schilderung der Ausgangslage, Aufbau der Präsentation)
2. Rekapitulation der Ergebnisse aus der Situationsanalyse
3. Zielsetzungen
4. Dialoggruppen
5. Kommunikationsinhalte
6. Strategie
7. Massnahmen
8. Budget und Organisation
9. Fragerunde

Upside down Präsentation

1. Übersicht über die Massnahmenpalette
2. Welche Strategie steckt dahinter?
3. Weshalb?
   (Ergebnisse aus der Situationsanalyse und Zielsetzungen)
4. Welche Dialoggruppen erreichen wir
   mit welchen Kommunikationsinhalten?
5. Was kostet dieses Vorgehen?
   (Budget, Rückkoppelung auf die Massnahmen)
6. Fragerunde

Dauer der Präsentation

Im Interesse der Zuhörenden ist eine Präsentation von 30 Minuten, maximal aber 45 Minuten angebracht. Lassen Sie genügend Zeit für Fragen und eine Diskussion offen. Das unmittelbare Feedback ist ausserordentlich wichtig.

- Wurde alles verstanden?
- Wo sind noch Verständnisfragen offen?
- Wie ist die Grundstimmung?
- Regt sich Widerstand?

Wer präsentiert?
Grundsätzlich: Die Präsentation eines Kommunikationskonzepts ist in jedem Falle Chefsache. Natürlich werden Sie (je nach Situation) weitere Mitarbeiterinnen und Mitarbeiter beiziehen, die an der Konzepterarbeitung beteiligt waren und/oder später auch für den Kunden bzw. Ihre Firma oder Organisation arbeiten. Allerdings würde ich davon abraten, mit einer ganzen Gruppe von Beratern anzureisen. Meist haben Sie etwa 30 bis 45 Minuten für die Präsentation zur Verfügung. Mehr als zwei bis drei verschiedene Vortragende verwirren und erwecken eventuell den Eindruck, man habe sich verzettelt.

Die Vorbereitung der Präsentation

«Für das Selbstvertrauen, das man aus der genauen Kenntnis seines Materials schöpft, gibt es keinen Ersatz».[16] Allerdings reicht die Kenntnis allein nicht aus. Präsentationen erfordern eine umfangreiche, minutiöse Vorbereitung, derjenigen eines Theaterstücks ähnlich. Folgende Punkte müssen Sie definieren:

- Wer sind Ihre Zuhörerinnen und Zuhörer?
- Wer übernimmt den Lead während der Präsentation?
- Wer präsentiert welche Elemente?
- Wovon soll das Publikum überzeugt werden?
- Welche Erwartungen hat dieses Publikum?
- Wer sind die Schlüsselpersonen und Entscheidungsträger?
- Wieviel Zeit setzen Sie für die verschiedenen Präsentationselemente ein?
- Welche Teile Ihrer Präsentation sollen wie visualisiert werden?
- Welche technischen Präsentationsmittel setzen Sie ein?
- Welche Unterlagen geben Sie ab?
- Wie machen Sie den Einstieg?
- Wie schliessen Sie Ihre Präsentation ab?

Vielleicht findet die Präsentation in Ihrer eigenen Firma statt, wo Sie die Ansprechpersonen und Räumlichkeiten kennen. Vielleicht müssen Sie aber am Hauptsitz des Unternehmens oder in der Zentrale Ihrer Organisation vor unbekannten Leuten und in Räumlichkeiten präsentieren, die Sie nicht kennen. Jedenfalls: Eine Generalprobe ist unerlässlich. Gerade wenn Sie zu zweit präsentieren, sollten Sie vorher mindestens einen Probedurchgang machen.

Abgabe des Konzeptpapiers
Ob Sie in einem Wettbewerb stehen oder ein Konzept für einen internen oder externen Auftraggeber erstellen: Aus Ihrer Arbeit resultiert das Konzeptpapier, das Sie dem Kunden bzw. einer Wettbewerbsjury abgeben. Denken Sie daran, dass dieses Ihre Visitenkarte ist und deshalb inhaltlich wie auch optisch einwandfrei sein muss.

▶ **Tipp**
Räumlichkeiten vorher besichtigen
Um Überraschungen zu vermeiden, sollten Sie, wenn möglich, die Räumlichkeiten vor dem Präsentationstermin besichtigen. Prüfen Sie die technischen Gegebenheiten (Steckdosen, vorhandene AV-Medien etc.). Überlegen Sie sich, wie die Bestuhlung sein muss. Falls Sie den Raum nicht besichtigen können, dann fragen Sie beim Hausmeister oder einer Sekretärin möglichst viele Details (technische, atmosphärische, organisatorische) ab. Bitten Sie Ihre Auskunftsperson, Ihnen den Raum zu beschreiben.

Bei Lampenfieber
Lampenfieber ist normal. Bei extremem Lampenfieber hilft folgende Übung, die Sie als Vorbereitung auf die Präsentation mehrmals durchführen: Setzen Sie sich in einen ruhigen Raum, in welchem Sie ungestört sind. Sie können sich auch hinlegen. Schliessen Sie die Augen, atmen Sie tief durch und reisen Sie in Ihrer Fantasie an den Ort der Präsentation. Stellen Sie sich vor, wie Sie aus dem Zug oder aus dem Bus steigen, den letzten Rest des Wegs zu Fuss gehen, wie Sie das Gebäude betreten, am Empfang Ihren Namen sagen. Beobachten Sie sich selbst, wie Sie ins Sitzungszimmer geführt werden, begrüssen Sie alle Anwesenden und packen Sie Ihre Unterlagen aus. Dann beginnen Sie mit Ihrer Präsentation, die Sie jetzt zwar nicht im Detail halten. Sie schauen sich zu, wie Sie zielstrebig und sicher präsentieren. Stellen Sie sich aber genau vor, was Sie zu Beginn und am Ende der

Präsentation im Wortlaut sagen. Stellen Sie sich dabei vor, wie Sie sich gut fühlen, die richtigen Worte wählen und Ihr Publikum überzeugen. Stellen Sie sich auch vor, welche Fragen an Sie gerichtet werden könnten. Was antworten Sie? Ihre Generalprobe endet mit dem Verlassen des Gebäudes, nicht früher. Dann «holen Sie sich in die Realität zurück».[17]
Achten Sie darauf, wo Sie im Geiste unsicher werden. Wo lief es harzig? Welcher Teil bereitete Ihnen am meisten Mühe? Verstärken Sie in diesen Teilen Ihre Vorbereitung. Nach mehrmaliger Durchführung wird Ihr Herzklopfen abnehmen und Sie werden sich zunehmend sicherer fühlen.

Präsentationswerkzeuge

Aufgrund der technischen Möglichkeiten könnten Sie heute praktisch eine Multimediashow veranstalten. Bedenken Sie aber Folgendes: Ihre Zuhörerschaft besteht grösstenteils aus Entscheidungsträgern, die tageweise Folien- und Beamerpräsentationen in Standardsoftware-Programmen über sich ergehen lassen müssen. Ich empfehle Ihnen deshalb, Alternativen zu prüfen. Oder sind Sie gerne «another brick in the wall»?

Als Gedankenstütze dient die nachstehende Übersicht über die Präsentationsmedien. Über Präsentationen und den Einsatz von Präsentationsmedien gibt es eine Fülle von Literatur, in welche Sie sich bei weitergehendem Interesse vertiefen können. Im Literaturverzeichnis finden Sie einige Bücher, die sich mit diesem Thema befassen.

Übersicht über die gängigen Präsentationswerkzeuge

Präsentationswerkzeug	Vorteile	Nachteile	Störanfälligkeit
Laptop mit Beamer	Professioneller Look, ansprechende Aufmachung, farbig, Fotos zur Auflockerung möglich	Aufwändig in der Vorbereitung, Gefahr der zu raschen Präsentation, weit verbreitet (Gewöhnungseffekt), Verdunkelung nötig	hoch

Die Präsentation

Präsentationswerkzeug	Vorteile	Nachteile	Störanfälligkeit
Overhead (nicht mehr sehr gebräuchlich)	Einfach zu produzieren, für Fotos, Grafiken etc. geeignet, auch in grösseren Räumen anwendbar	Nur bei Beleuchtung sichtbar, Gefahr der zu kleinen Schrift, Schärfe muss gut eingestellt werden.	mittel
Flipchart	Kann vorbereitet werden, ist einfach anzuwenden. Aufkleben von Karten oder Blättern möglich. Flipchart-Blätter können abgerissen und aufgehängt werden.	Aus grösserer Entfernung schlecht lesbar, schöne Handschrift erforderlich. Kann langweilig oder hausbacken wirken.	niedrig
White Board	Grossflächig, magnetisch, für grosse Entfernungen ungeeignet	Je nach Lichteinfall schlecht lesbar (weisser Hintergrund), Spezialfilzstifte erforderlich	niedrig
Pinboard	Für Karten, Formen (zum Beispiel Wolken aus dem Moderationskoffer) gut geeignet. Erfodert gute Vorbereitung	Umständlich im Handling, verlangsamt evtl. die Präsentation (Anpinnen), Verschiebung von Objekten erschwert	niedrig
Diaprojektion	Ermöglicht eine optimale Bildqualität	Statisch, Verdunkelung nötig, Fotomaterial erforderlich	hoch
Video	Auch für grössere Räume geeignet, wenn Grossleinwand vorhanden. Bewegte Bilder möglich.	Verdunkelung erforderlich, Bild und Ton müssen gut abgestimmt werden auf die Raumgrösse, technische Anfälligkeit, aufwändig in der Herstellung.	hoch
Gegenstände bzw. dreidimensionale Modelle	Anschaulich, Gegenstände können herumgereicht werden.	Aufwändig in der Herstellung bzw. Beschaffung	niedrig

Nicht alle Präsentationsmedien eignen sich für eine Konzeptpräsentation gleich gut. Bedenken Sie, dass eine Laptop-Präsentation viele Möglichkeiten (Farben, Animation etc.) bietet, aber sehr störanfällig ist. Eine Präsentation nur auf der Flip Chart wäre dagegen eher langweilig. Wägen Sie ab, welche Medien sich für das Thema und für Ihr Publikum am besten eignen. Setzen Sie jedoch möglichst Medien ein, mit welchen Sie selbst vertraut sind. Fragen Sie eventuell auch im Umfeld der Unternehmung nach, welche Instrumente üblich sind.

Der richtige Auftritt

Wenn Sie geübt sind in Präsentationen können Sie diesen Teil getrost überblättern, weil Sie Ihren Stil längst gefunden haben. Für Interessierte fasse ich die wichtigsten Faktoren zusammen. Für eine vertieftere Auseinandersetzung verweise ich wiederum auf die umfangreiche Literatur, die zum Thema «Auftreten, präsentieren» erhältlich ist. Das Wichtigste vorweg: Seien Sie sich selbst. Setzen Sie Ihre ganz persönliche Originalität und *Ihren Stil als Markenzeichen* ein. Alles Gespielte wirkt steif und hölzern.

Kleidung

Achten Sie unbedingt auf saubere und gepflegte Kleidung, verzichten Sie aber auf auffällige Stücke und – besonders Frauen – auf extravaganten Schmuck. Wir alle reagieren auf visuelle Reize, insbesondere, wenn wir in einem Publikum sitzen. Sie möchten aber Ihre Zuhörerinnen und Zuhörer für Ihr Konzept gewinnen und nicht für Ihr neues Ohrgehänge.

Wenn Sie nie im Anzug herumlaufen, dann werden Sie sich an der Präsentation im Anzug wohl kaum sehr wohl fühlen. Falls dies der Fall ist, weichen Sie auf modernere Alternativen (zum Beispiel Anzug mit Rollkragenpulli statt Hemd) aus. Dies gilt allerdings nicht für Branchen mit Kleidungskodizes (Anwaltskanzleien, Unternehmungsberatungen, Banken, Versicherungen). Dort sollten Sie sich den geforderten Kleidercodizes anpassen.

Tonalität

Die Beratergilde, zu der sich die meisten von uns zählen, sei es in einer intergrierten Funktion oder auf Agenturseite, geniesst nicht den besten Ruf. Das wissen Sie ebenso gut wie ich. Dies hat nicht zuletzt mit unserem Auftreten zu tun. Meist erzählen wir anderen, was und wie sie etwas tun sollen. Das kann manchmal ungewollt zu einem arroganten Auftreten führen. Gerade, wenn man sich wochenlang in ein Thema vertieft hat, kann es passieren, dass einem die innere Distanz dazu etwas abhanden kommt. Achten Sie darauf, dass Sie trotz Ihres legitimen Wissensvorsprungs Ihr Publikum nicht belehren.

Wenn der grosse Moment naht ...

Nach der Vorbereitungsphase naht irgendwann der Termin, auf den man sich zuerst mit der Erarbeitung des Konzepts, dann mit der Vorbereitung der Präsentation gründlich vorbereitet hat. Hier einige abschliessende Tipps, damit Ihre Präsentation gelingt.

- Reisen Sie frühzeitig an, damit Sie sich nicht unnötigem Stress aussetzen.
- Stellen Sie eine Liste aller Teilnehmenden auf und merken Sie sich deren Namen.
- Falls Ihr Publikum Sie nicht kennt, stellen Sie sich in einigen einleitenden Sätzen kurz vor.
- Beschriften Sie Ihre Unterlagen so, dass Sie sie auch in «nervösen» Momenten wieder finden.
- Nehmen Sie Ihr Publikum ernst, denn es ist Ihnen für die Präsentationsdauer «ausgeliefert». Vermeiden Sie Arroganz, Langfädigkeit und zuviel Fachjargon.
- Planen Sie den Zeitaufwand für Ihre Präsentation so ein, dass Zeit für eine Fragerunde bleibt.
- Wenn Sie zu schleppender Sprechweise neigen, üben Sie Ihre Präsentation im Voraus im Hinblick auf diesen Aspekt. Machen Sie kurze Sätze und achten Sie auf eine abwechslungsreiche Sprachmelodie.
- Vermeiden Sie Routine. Planen Sie gegen Ende der Präsentation eventuell sogar einen Überraschungsmoment ein.

- Vorsicht mit Witzen und Gags. Diese sind in einer Konzeptpräsentation meist nicht angebracht.
- Konzepte sind theoretische Gebilde, welche rasch abstrakt wirken. Da kann ein «Dummy», zum Beispiel ein Umschlag einer Publikation als Beispiel nützlich sein. Aber Vorsicht: «Dummies» müssen professionell erstellt sein, nichts selber basteln. Sonst lieber verzichten. Zudem kann es auch kontraproduktiv sein, wenn man etwas zeigt, dass nicht gefällt. Dann besteht die Gefahr, dass das ganze Konzept «baden» geht.
- Verteilen Sie Hand-outs nie vor der Präsentation. Sonst bringen Sie sich selbst um die Aufmerksamkeit der Zuhörerschaft. Es ist nur allzu menschlich, dass der Kunde gleich zu den Massnahmen und den Kosten durchblättert. Damit kriegt er von der inneren Logik des Konzeptes nicht mehr viel mit und Sie leisten nachträglich mehr Überzeugungsarbeit.
- Bereiten Sie Antworten auf «Nasty Questions» vor, in welchen Sie allfällige heikle Fragen vorausantizipieren. Bereiten Sie kurze Antworten vor. Alle Personen, die mit Ihnen präsentieren, sollten diese Liste ebenfalls kennen.
- Betrachten Sie Fragen als Interessensbekundung und beantworten Sie diese so präzise und kurz wie möglich. Vermeiden Sie bei kritischen Fragen Verteidigungen und bleiben Sie so sachlich wie möglich. Sind die Fragen kritisch, aber berechtigt, so akzeptieren Sie diese als wertvolle Inputs und sichern Sie zu, dass diese von Ihrem Team aufgenommen und berücksichtigt werden.

Liebe Deinen Kunden: Wie man überzeugt

Seien Sie klar. Wenn Sie Ihre Auftraggeber von Ihrem Konzept überzeugen wollen, müssen diese während der gesamten Präsentation völlige Klarheit haben, wo Sie mit Ihrer Argumentationskette gerade stehen und welche Elemente noch folgen. Sorgen Sie deshalb dafür, dass Sie zu Beginn die Struktur Ihrer Präsentation erläutern und diese Struktur schriftlich und jederzeit für das Publikum einsichtig im Raum anbringen. Kommen Sie während Ihrer Präsentation mehrmals auf die Struktur zurück und lassen Sie die Zuhörerinnen und Zuhörer wissen, wo Sie gerade stehen. Wenn Sie selbst strukturiert und klar wirken, wird man Ihnen auch abnehmen, dass Ihr Konzept es ist. Dazu gehört auch, die Zeitvorgaben einzuhalten.

Würde ich Sie zu Ihrem Hobby ausfragen, würden Sie mir wohl mit leuchtenden Augen davon erzählen. Es gibt keinen Grund, weshalb Sie als PR-Beauftragter oder PR-Leiterin nicht auch die Sache der Unternehmung, für die Sie arbeiten, oder die Sache Ihres Kunden nicht zu Ihrer eigenen machen sollten. Ob Ihr Konzept auf Akzeptanz stösst, hat nebst des Inhalts selbst stark damit zu tun, ob Sie selbst von Ihrer Strategie überzeugt sind und dies entsprechend vermitteln können. Ich spreche nicht davon, ob Sie gut schauspielern oder heucheln können und vor Ihrem Kunden eine Show abziehen, sondern von echtem Engagement für die Sache. Machen Sie Ihren Auftraggeber zum Partner und beweisen Sie ihm, dass es Ihnen um das Wohl der Unternehmung bzw. der Organisation geht. Dies setzt allerdings eine intensive Beschäftigung mit der Materie voraus, die manchmal auch ausserhalb der Bürozeit stattfindet. Was Sie damit gewinnen, ist Authentizität, die auch im Präsentationsraum wirkt. Wenn Sie noch so gut vorbereitet sind: fehlt die nötige Begeisterung, wird der Funke nicht auf Ihr Publikum durchschlagen.

4 Umsetzen, aber wie?

4.1 Umsetzen, aber wie?

Gegen das Verschwinden in der Schublade

Gratulation: Sie haben Ihr Konzept geschrieben, es erfolgreich präsentiert, die Schlüsselpersonen von Ihren Absichten überzeugt und nun sitzen Sie mit Ihrem Exemplar des Kommunikationskonzeptes am Schreibtisch. Wie weiter?

In dringenden Fällen, beispielsweise in latenten Krisenfällen, setzt nach der Konzeptphase eine Phase der hektischen Umsetzung ein. Oft macht sich aber auch eine vorübergehende Zufriedenheit breit. Zugegeben, der erste Schritt ist erreicht. Aber genau wie die Drucklegung einer Broschüre erst der Anfang der Distribution ist, ist das Konzept nichts anderes als der Fahrplan für die Realisation der Kommunikationsmassnahmen. Bewirkt haben Sie mit dem Konzept alleine noch gar nichts. Die Kommunikation, im Speziellen die PR, werden in Unternehmungen und Organisationen aber oft eher als Randdisziplin gesehen. Für Betriebswirtschafter zählt das Marketing, das auch in ihrer Ausbildung einen grossen Stellenwert einnahm. Und so wird nach getaner Pflicht, die Umsetzung der PR-Massnahmen manchmal vernachlässigt. Sie tun deshalb gut daran, Ihr Konzept breiter abzustützen und dessen Existenz über die Geschäftsleitung hinaus zu kommunizieren. Sie können dies nebst Informationsgesprächen, Info in Kaderbriefen etc. auch im Intranet oder in der Hauszeitung tun. Damit fördern Sie das Verständnis für die Kommunikation und PR-Massnahmen.

Auf dem Weg von der Theorie in die Praxis ist die unverzügliche Erstellung eines Jahresmassnahmenplans unabdingbar, der sich nach dem im Konzept erstellten Fahrplan richtet. Darin werden die konkreten Schritte, die zu unternehmen sind, festgelegt mit zeitlichen Verbindlichkeiten. Oft wählt der Auftraggeber (oder die Geschäftsleitung als Ganzes) aus Kapazitäts- und Budgetgründen zusammen mit dem Berater oder der PR-Verantwortlichen aus dem Reigen von möglichen Massnahmen einen Mix aus. Dieser wird anschliessend im Jahresmassnahmenplan in der richtigen zeitlichen Abfolge, mit Verantwortlichkeiten festgehalten.

Im Gegensatz zum Konzept ist der Jahresmassnahmenplan ein Arbeitsinstrument, das nun laufend angepasst werden kann. Ebenso ist jetzt der Zeitpunkt gekommen, um mit der Auswahl der externen Partner (Grafik, Fotografie, Webprogrammierung etc.) zu beginnen und die Massnahmen soweit auszudefinieren, dass Offerten eingeholt werden können.

▶ **Tipp**
- Lassen Sie als externer Partner nach der Konzepterstellung den Dialog mit Ihrem Auftraggeber nicht abreissen. Achten Sie auf mögliche Widerstände gegen die Umsetzung bestimmter Massnahmen, allfällige Rücksichtnahme auf personelle Zusammensetzungen etc.
- Sprechen Sie Verzögerungen direkt an. Fragen Sie nach deren Ursachen. Bieten Sie Lösungen an, um eine fristgerechte Umsetzung sicherzustellen.
- Veranlassen Sie, dass die internen Schlüsselpersonen (auch die Bereiche HR und Marketing) über die Kommunikationsstrategie informiert werden. Sprechen Sie über die Zielsetzungen, die damit verfolgt werden und die Massnahmen, die realisiert werden. Damit erhöhen Sie die Akzeptanz bei den internen Dialoggruppen.
- Beziehen Sie sich auch in späteren Phasen immer wieder auf die Konzeptinhalte. Überprüfen Sie, ob zum Beispiel von Ihnen definierte Kommunikationsinhalte tatsächlich zur Anwendung kommen.

Das Reporting

Stellen Sie sicher, dass regelmässig Reports über das Fortschreiten der Arbeiten gemäss dem Konzept erstellt werden. diese können je nach Dichte der Massnahmen viertel- oder halbjährlich verfasst werden. Sie dienen nicht zuletzt auch der Dokumentation Ihrer eigenen Arbeit.

Inhalt eines Reportings

- Kunde bzw. Unternehmung/Organisation
- Übersicht über die Zielsetzungen
- Übersicht über die realisierten Massnahmen
- Definition des Zeitraums
- Beteiligte Personen, externe Partner
- Zusammenfassung des Verlaufs der Arbeiten
- Hinweise auf besondere Schwierigkeiten, Erfolge etc.

Das Konzept
und seine Wirksamkeit

Sie werden feststellen, dass Ihr Konzept in gewissen Teilen in Kürze veraltet. Im Idealfall bleiben sich die Zielsetzungen, die Strategie und die Kommunikationsinhalte über einen Zeitraum von einigen Jahren gleich. In der Regel behält ein Konzept seine Gültigkeit aber nur für etwa zwei bis drei Jahre.

Danach empfiehlt sich eine Standortbestimmung, um den Nutzen des Konzeptes sowie die Kommunikationsstrategie zu überprüfen und allenfalls anzupassen.

Folgende Fragen helfen Ihnen dabei:

- Wo steht die Unternehmung heute?
  (Vergleich des Ist/Soll-Profils)
- Welche neuen Erkenntnisse konnten gewonnen werden?
- War die gewählte Strategie aus heutiger Sicht die richtige?
- Sind die PR-Ziele noch die selben?
- Welcher Bedarf zeichnet sich für die nächsten
  zwei bis fünf Jahre ab?
- Wäre eine Adaption der Ziele und der Strategie sinnvoll?

Ob wiederum ein neues Kommunikationskonzept erstellt werden soll oder ob eine Überarbeitung des bestehenden ausreicht, hängt von der jeweiligen Situation ab.

Oft wird ein neues Konzept erstellt, wenn:

- sich die Ausgangslage massiv verändert
  (veränderte Marktbedingungen, Rezession, Expansion etc.)
- die Unternehmung in eine Krisensituation
  mit nachhaltigen Folgen geraten ist
- die PR-Agentur/PR-Beauftragte(r) bzw. die interne
  PR-Leitung wechselt

Überarbeitungen von bestehenden Konzepten können nur bedingt befriedigen. Sie sind dann angebracht, wenn sich die Lage nur marginal verändert. Im Zweifelsfalle sollte besser ein neues Konzept erarbeitet werden, um zu vermeiden, dass das Konzept zum Flickwerk verkommt.

Zu guter Letzt…
Kommunikationskonzepte sind deshalb so nützlich, weil sie von einer gesamtheitlichen Sicht ausgehen und ein strukturiertes Vorgehen voraussetzen. Damit ist ein effizientes Umsetzen von Kommunikationsmassnahmen möglich.

Und dennoch: Kommunikationskonzepte sind und bleiben theoretische Denkmodelle, die zuweilen von aktuellen Geschehnissen überrollt werden. Als Praktikerin bzw. Praktiker leben Sie damit, dass Sie die Kommunikationsprozesse laufend den realen Entwicklungen anpassen und pragmatisch handeln müssen. Dies ist auch nicht weiter schlimm, sie sollten dies sogar einplanen. Gegenüber Kommunikationshaudegen, die spontan handeln, haben Sie aber den Vorteil, dass Sie eine Lagebeurteilung Ihrer Unternehmung bzw. Organisation gemacht haben und jederzeit auf die konzeptionelle Basis zurückgreifen können. Damit ist es einfacher, Entwicklungen zu verfolgen oder Kursabweichungen festzustellen.

Wenn dieses Buch als «Werkzeugkiste» zu erfolgreichen Kommunikationskonzepten beitragen kann, dann ist das Ziel erreicht.

5 Anhang

5.1 Anhang

Zehn Fragen zu Ihrem Kommunikationskonzept

Um Ihnen ein Feedback auf Ihr Konzept geben zu können, müsste ich es natürlich lesen. Die folgenden Fragen sollen Ihnen aber eine minimale Überprüfung, insbesondere im Bereich der Struktur, ermöglichen.

1. Enthält Ihre Situationsanalyse Informationen zu der internen Kommunikation, den externen Kommunikationsaktivitäten (inklusive Image) sowie Aussagen zu den Trends in den relevanten Umwelten (politische, soziale, wirtschaftliche, technologische, ökologische Umwelt)?
2. Haben Sie den Ist- und den Soll-Zustand der Unternehmung bzw. Organisation bezüglich Image/Kommunikation erhoben?
3. Enthält Ihr Kommunikationskonzept Zielsetzungen, die auf den Schlussfolgerungen der Situationsanalyse aufbauen?
4. Sind Ihre Dialoggruppen in intern und extern unterteilt und nach Prioritäten geordnet?
5. Entsprechen die von Ihnen definierten Kommunikationsinhalte den Zielsetzungen?
6. Ist Ihre Strategie entlang den Punkten strategische Leitidee, Verhaltensweise/Tonalität, Frequenz/Intensität, zeitlicher Verlauf der Kommunikationsaktivitäten, Gewichtung Massnahmengruppen, prozentuale Budgetaufteilung auf die Schwerpunkte entwickelt?
7. Stimmen Ihre Massnahmen in der Gewichtung mit den von Ihnen als prioritär eingestuften Massnahmengruppen in der Strategie überein?
8. Sind diese realistisch und umsetzbar?
9. Kann die Unternehmung bzw. Organisation Ihr Kommunikationskonzept bezüglich den erforderlichen Kapazitäten umsetzen?
10. Haben Sie Massnahmen für die Wirkungskontrolle eingeplant und deren Kosten ins Budget eingerechnet?

5.2 Anhang

Testfragen

→ Kapitel 1.2

Wozu dienen Kommunikationskonzepte?
Sie dienen dazu, die Kommunikation der Unternehmung präzise zu planen und auf konkrete Ziele zu fokussieren. Das Kommunikationskonzept ist ein theoretisches Gefäss, das es erlaubt, die Kommunikationsstrategie zunächst profund durchzudenken und zu optimieren, bevor sie in Tat umgesetzt wird. Mit einem Kommunikationskonzept lassen sich auch Kosten und Termine besser im Griff halten.

→ Kapitel 2.5

Zählen Sie Dialoggruppen auf, die zum sozioökonomischen Umfeld gehören.
Zum Beispiel: Hochschulen, Lehrkräfte, Medien, Politiker, Mitglieder von Interessengruppen etc.

→ Kapitel 2.3

Eine Generalunternehmung möchte ihre Kommunikation konzeptionell angehen. Welches sind die Umwelten, die hier eine Rolle spielen?
- wirtschaftliche Umwelt (Wirtschaftslage, Entwicklung, Baukonjunktur, etc.)
- politische Umwelt (Entwicklungen im gesetzlichen Bereich, was den Bau betrifft)
- ökologische Umwelt (Bauen-Ökologie, Energiefragen)
- soziale Umwelt (demografische Veränderungen, die Auswirkungen auf das Bauen haben)

→ Kapitel 2.2

Wie sucht man eine geeignete PR-Agentur?
- Klarheit über den zu vergebenden Auftrag, Definition eines Anforderungsprofils an die zukünftige Agentur.
- Generell: Dauerndes Sammeln von Unterlagen, die ansprechen (Kommunikationsagentur ist jeweils vermerkt auf Drucksachen und audiovisuellen Mitteln). Umfrage bei Berufskollegen,

befreundeten Unternehmungen etc. betreffend Empfehlungen, Anfrage des jeweiligen Berufsverbandes oder zugehörigen Ausbildungsinstitutes, Prüfung von Websites der Agenturen
- Anfrage an drei bis vier verschiedene Agenturen
- Einladung zur Agenturpräsentation oder Ausschreibung eines Wettbewerbs.

Bei Ihrem nächsten Meeting mit dem Kommunikationschef einer Generalunternehmung wird er Sie für die Erarbeitung eines Kommunikationskonzepts briefen. Welche Faktoren müssen Sie beim Briefing in Erfahrung bringen? → Kapitel 2.2
- Ausgangslage, genauer Auftrag, Problemstellung, Erwartungen des Auftraggebers etc.
- Bisherige interne und externe Kommunikationsunterlagen (Print, visuell, audiovisuell)
- Informationen zur Unternehmung, die nicht aus den Unterlagen ersichtlich sind, zum Beispiel zur Unternehmenskultur, zu Konflikten, eventuell Krisen etc.
- Ansprechpartner innerhalb der Unternehmung
- Terminplan, Abgabe- und Präsentationstermine

Was versteht man unter «Desk Research»? → Kapitel 2.3
- Recherchen, die vom Schreibtisch aus möglich sind, zum Beispiel Archivrecherchen via Internet
- Beschaffung von Informationen via Telefon, Telefongespräche
- Konsultation von Nachschlagewerken etc.

Ziele → Kapitel 2.4

Was bezweckt man mit der Formulierung von Zielsetzungen?
Klarheit über den Endzustand, den es zu erreichen gilt, präzise Festlegung der zu erreichenden Qualität und Quantität.

Wie können PR-Ziele gegliedert werden?
In überdachende Zielsetzungen, hierarchisch untergeordnete Teilziele, dialoggruppenspezifische Ziele, lang-, mittel- und kurzfristige Zielsetzungen.

5.2 Testfragen

Welche Eigenschaften haben gute PR-Zielsetzungen zu haben?
Sie sollten realistisch, überprüf- und messbar sein.

→ Kapitel 2.5

Dialoggruppen

Welches Ziel verfolgt man mit der Bestimmung der Dialoggruppen?

- Möglichst zielgerechter Mitteleinsatz
- Ermöglichung einer auf die Dialoggruppe abgestimmten Kommunikation
- Vermeidung von Streuverlusten

Wie können Dialoggruppen sinnvoll segmentiert werden?

- Nach dem soziologischen Ordnungsprinzip (Business Relations, Human Relations, Political Relations, International Relations, Community Relations, Environment Relations)
- Nach demografischen Merkmalen bzw. Psychogrammen, welcher eine bestimmte Gruppe von Menschen zugeteilt werden kann
- Nach Umwelten (Mikroöknomisches Umfeld der Unternehmung mit den Kunden, Lieferanten, Finanzgebern, Medien etc., mit welchen die Unternehmung im direkten Austausch steht. Makroökonomisches Umfeld mit Wirtschaft, Umwelt, Technologische Umwelt, politische Umwelt, kulturelle Umwelt)

Nennen Sie fünf wichtige Dialoggruppen für den internen und externen Bereich

- *Intern*
  Mitarbeitende, Lehrlinge, Kader, Pensionierte, Ehemalige
  (auch andere sinngemässe Nennungen korrekt)

- *Extern*
  Kunden, Lieferanten, Opinion Leaders, Medien, Behörden
  (auch andere sinngemässe Nennungen korrekt)

Anhang

Kommunikationsinhalte → Kapitel 2.6

Was ist das Ziel ausformulierter Botschaften?
Klarheit und Einheitlichkeit des kommunizierten Inhalts. Kann von den Dialoggruppen besser aufgenommen werden. Bei konsequenter Wiederholung kann sich die Unternehmung damit positionieren.

Strategie → Kapitel 2.7

Was wird in der Strategie festgelegt?
Die Strategie gibt Antwort auf die Frage, wie das Ziel zu erreichen ist, beinhaltet aber noch keine konkreten Vorschläge bezüglich der Massnahmen.

Aus welchen sechs Punkten besteht eine Kommunikationsstrategie?
- Übergeordnete Leitidee
- Definition von Verhaltensweise und Tonalität
- Frequenz/Intensität, und zeitlicher Verlauf
- Priorität Dialoggruppen
- Gewichtung der Massnahmengruppen
- Prozentuale Aufteilung des Budgets

Massnahmen → Kapitel 2.8

Woher kann man sich Inspirationen für Kommunikationsmassnahmen holen?
Alltag, Messen, allg. Events, Publikationen anderer Unternehmungen, Medienartikel über andere Unternehmungen, Erfahrungsaustausch mit Fachkollegen und -kolleginnen etc.

Welche Faktoren müssen Sie in einem Massnahmenplan aufführen?
Massnahme, für welche Dialoggruppen, Zeitachse, Budgetrahmen.

Welche Vorteile hat die Aufgliederung der Massnahmen nach Dialoggruppen?
- *Vorteil:* Übersicht, für welche DG man was macht
- *Nachteil:* keine zeitliche Übersicht, Massnahmen müssen unter Umständen mehrmals aufgezählt werden

5.2 Testfragen

→ Kapitel 2.9

Budget und Organisation

Welche Kostenpunkte müssen für eine Vollkostenrechnung zur Umsetzung der Massnahmen einberechnet werden?
- Kosten für die Realisation der Massnahmen selbst
- Personalaufwand
- Evaluationskosten
- Nebenkosten

Wie können Sie sicherstellen, dass Ihr Konzept organisatorisch tatsächlich umgesetzt werden kann?
- Personellen Aufwand abschätzen
- Verantwortlichkeiten festlegen
- Gesamtstundenaufwand schätzen
- Abwägen, ob externe Partner hinzugezogen werden müssen
- Spezialkenntnisse, die es zur Umsetzung braucht, definieren
- Organisation der Evalutation von externen Partnern definieren

Welche Möglichkeiten gibt es, ein Budget zu erarbeiten?
- Zero based budgeting
- Abstellen auf Vorjahresbudget
- Abstellen auf das Budget der Mitbewerber
- Fixes Budget von Anfang an

→ Kapitel 2.10

Wirkungskontrolle

Weshalb ist es schwierig, die Wirkung von PR-Massnahmen effizient zu überprüfen?
- Kein exaktes Messinstrumentarium vorhanden
- PR-Massnahmen wirken im Verbund mit Marketing- und Werbemassnahmen sowie der gesamten Unternehmensstrategie und nicht als Einzelmassnahmen
- In die Wirkungskontrolle wird nur wenig Geld investiert
- Hoher Zeitdruck in der Unternehmung und bei der Agentur etc.

*Wie kann eine einfache Wirkungskontrolle
durchgeführt werden?*
- Überprüfung: Wie lief die Realisation der Massnahmen, wo gab es Stolpersteine? Weshalb?
- Soll/Ist-Vergleich Eigenbild
- Meinungsumfragen (intern, an Veranstaltungen etc.)
- Gespräche mit Exponenten aus den relevanten Dialoggruppen
- Leserbriefe, Reaktionen auf Massnahmen via E-Mail
- Feedbacktool auf der Website etc.
- Feedbackgruppen
- Analyse der Medienarbeit qualitativ und quantitativ
- Erstellung von Schlussberichten

Präsentation → Kapitel

Wie lange sollte eine Konzeptpräsentation maximal dauern?
45 Minuten

*Wie können Sie Überraschungen vor Ort
am Präsentationstag vermeiden?*
- Ort und Räumlichkeiten wenn möglich besichtigen
- Benötigte Infrastruktur frühzeitig sicherstellen
- Probelauf (insbesondere technischer beim Einsatz von Laptop) organisieren
- Frühzeitig anreisen
- Liste der Teilnehmer anfordern oder zusammenstellen
- Klare Beschriftung der Präsentationsunterlagen bez. Abfolge

*Welche Details im Ablauf der Präsentation müssen Sie
im Vorfeld genau abklären bzw. absprechen?*
- Art und Grösse des Publikums
- Arbeitsaufteilung und Verantwortlichkeiten der Präsentierenden
- Zeiteinteilung für die zu präsentierenden Elemente
- Art der Visualisierung
- Einsatz der technischen Präsentationsmittel
- Abgabe von Unterlagen
- Einstieg und Abschluss der Präsentation

Anmerkungen

1. Bundesamt für Statistik, Betriebsstättenzählung 1998: kleinere Unternehmungen mit 1 bis 9 Vollzeitbeschäftigten, mittlere Unternehmungen mit 10 bis 49 Vollzeitbeschäftigten.
2. DÖRRBECKER, Klaus/FISSENEWERT-GOSSMANN, Renée: *Wie Profis PR-Konzeptionen entwickeln*, Frankfurt a. M.: F. A. Z. – Institut für Management-, Markt- und Medieninformationen 1999[3]
3. TONDEUR, E./WÄLCHLI, J-P.: *Grundzüge einer integrierten Unternehmenskommunikation*, Bern/Stuttgart/Wien: Verlag Paul Haupt
4. DÖRRBECKER/FISSENEWERT, S. 41
5. siehe auch KÖCHER/BIRCHMEIER, S. 113
6. GRUNIG/HUNT, *Managing Public Relations*, S. 116
7. OECKL, in: KÖCHER/BIRCHMEIER, S. 62/63
8. KOTLER, *Grundlagen des Marketing*, S. 161
9. KÖCHER/BIRCHMEIER, S. 63
10. DÖRRBECKER, S. 78–88
11. Folgende Bücher bieten eine gute Einführung ins Mind Mapping: BUZAN, Tony/NORTH, Vanda: *Business Mind Mapping*, Wien: Überreuter Wirtschaftsverlag 2002; BUZAN, Tony/NORTH, Vanda: *Mind Mapping – Der Weg zu Ihrem persönlichen Erfolg*, Wien: Hölder-Pichler 2001
12. DÖRRBECKER/FISSENEWERT-GOSSMANN, S. 90
13. In der Schweiz sind dies *Argus*, *ZMS* etc., in Deutschland *Argus Media*.
14. PFLAUM/LINXWEILER, S. 248
15. PFLAUM/LINXWEILER, S. 251 ff.
16. ZELAZNY, S. 13
17. Diese Methode basiert auf dem autogenen Training, eine Methode zur Stressbewältigung und Entspannung. Sie kann unter anderem angewendet werden, um sich auf Situationen mit hohem Stresspotential vorzubereiten.

Literaturverzeichnis

Folgende Literatur kann zur Vertiefung einzelner Aspekte empfohlen werden:

AHRENS, Rupert/SCHERER, Helmut/ZERFASS, Ansgar (Hg.): *Integriertes Kommunikationsmanagement, Konzeptionelle Grundlagen und praktische Erfahrungen*, Frankfurt a. M.: IMK/F. A. Z.-Verlagsgruppe 1995

AVENARIUS, Horst: *Public Relations Die Grundform der gesellschaftlichen Kommunikation*, 2., überarbeitete Auflage, Darmstadt: Wissenschaftliche Buchgesellschaft 2000

BOGNER, Franz M.: *Das neue PR-Denken: Strategien, Konzepte, Aktivitäten*, Wien: Ueberreuter Wirtschaftsverlag 1999[3]

BORTOLUZZI DUBACH, Elisa/FREY, Hansrudolf: *Sponsoring: Der Leitfaden für die Praxis*, 3., überarbeitete Auflage, Bern/Stuttgart/Wien: Haupt 2002

BUZAN, Tony/NORTH, Vanda: *Business Mind Mapping*, Wien: Überreuter Wirtschaftsverlag 2002

BUZAN, Tony/NORTH, Vanda: *Mind Mapping, Der Weg zu Ihrem persönlichen Erfolg*, Wien: Hölder-Pichler 2001

CUTLIP, Scott M./CENTER, Allen H./BROOM, Glen M.: *Effective Public Relations*, Prentice Hall, Upper Saddle River, New Jersey 2000[8]

DÖRRBECKER, Klaus/FISSENEWERT-GOSSMANN, Renée: *Wie Profis PR-Konzeptionen entwickeln*, F.A.Z.-Institut, Frankfurt am Main 1999[3]

DÖRRBECKER, Klaus/ROMMERSKIRCHEN, Thomas (Hrsg.): *Kommunikations-Management, Blick in die Zukunft*, Remagen: Rommerskirchen GmbH & Co. 1990

FISSENEWERT, Renée/SCHMIDT, Stephanie: *Konzeptionspraxis*, F.A.Z.-Institut, Frankfurt am Main 2002

GRUNIG, James/HUNT, Todd: *Managing Public Relations*, New York/Chicago: Holt, Rinehart and Winston 1984

KIRCHNER, Karin: *Integrierte Unternehmenskommunikation*, Wiesbaden: Westdeutscher Verlag GmbH

KÖCHER, Alfred/BIRCHMEIER, Eliane: *Public Relations? Public Relations! Konzepte, Instrumente und Beispiele für erfolgreiche Unternehmenskommunikation*, Zürich: Verlag Industrielle Organisation, 2. Auflage, 1995[2]

KOTLER, Philip/ARMSTRONG, Gary/SAUNDERS, John/WONG, Veronica: *Grundlagen des Marketing*, 2., überarbeitete Auflage, München 1999

PFLAUM, Dieter/LINXWEILER, Richard: *Public Relations der Unternehmung*, Lech: Verlag Moderne Industrie Landsberg 1998

SCHMIDBAUER, Klaus/KNÖDLER-BUNTE, Eberhard: *Das Kommunikationskonzept. Konzepte entwickeln und präsentieren*, Potsdam: University Press 2004
SEIFERT, Josef W.: *Visualisieren Präsentieren Moderieren*, 16. Auflage, Offenbach: Gabal Verlag 2001
SZYSZKA, Peter: *Öffentlichkeit – Diskurs zu einem Schlüsselbegriff der Organisationskommunikation*, Opladen/Wiesbaden: Westdeutscher Verlag 1999
THIELE, Albert: *Überzeugend präsentieren: Präsentationstechnik für Fach- und Führungskräfte*, Düsseldorf: VDI-Verlag 1991
TONDEUR, E./WÄLCHLI, J.-P.: *Grundzüge einer integrierten Unternehmenskommunikation*, Bern/Stuttgart/Wien: Verlag Paul Haupt
TÖPFER, Armin: *Plötzliche Unternehmenskrisen – Gefahr oder Chance? Grundlagen des Krisenmanagements, Praxisfälle, Grundsätze zur Krisenvorsorge*, Neuweid/Kriftel: Luchterhand 1999
ZELAZNY, Gene: *Das Präsentationsbuch*, Frankfurt/NewYork, Campus 2001

5.5 Adressen

Schweiz

Schweizerisches Public Relations Institut SPRI
Ankerstrasse 53, 8026 Zürich
Telefon 01 299 40 40, Fax 01 299 40 44
info@spri.ch
www.spri.ch

Schweizerische Public Relations Gesellschaft SPRG
Geschäftsstelle: m.e.s. Public Relations AG
Sempacherstrasse 69, 8032 Zürich
info@sprg.ch
www.sprg.ch

Bund der Public Relations Agenturen der Schweiz BPRA
Präsident: Peter Knobel
c/o Dr. Peter Knobel AG
Industriestrasse 49, 6302 Zug
Telefon 041 768 99 33, Fax 041 768 99 30
p.knobel@knobel.ch
info@bpra.ch
www.bpra.ch

Berufsregisterkommission BR/SPRG
Präsident: Thomas C. Maurer
Thomas C. Maurer & Partner
Marktgasse 29, 3000 Bern 7
Telefon 031 380 81 11, Fax 031 380 81 12
thomas.maurer@tcmp.ch
www.br-sprg.ch

IMH-HSG Institut für Marketing und Handel an der Universität St. Gallen
Bodanstrasse 8, 9000 St. Gallen
Telefon 071 224 28 20, Fax 071 224 28 57
imhhsg@unisg.ch
www.imh.unisg.ch

Institut für Medien und Kommunikationsmanagement
Universität St. Gallen
Blumenbergplatz 9, 9000 St. Gallen
Telefon 071 224 22 97, Fax 071 224 27 71
www.mcm.unisg.ch
Sekretariat: natasa.milic@unisg.ch

Ausbildung Universität Lugano
Master of Science in Communications Management
Dr. Francesco Lurati
Via Giuseppe Buffi 13, 6904 Lugano
Telefon 091 912 46 02, Fax 091 912 46 47

Zürcher Hochschule für angewandte Wissenschaften ZHAW
Institut für Angewandte Medienwissenschaft IAM
Zur Kesselschmiede 35, Postfach 805, 8401 Winterthur
Telefon 052 267 77 61, Fax 052 267 77 51
info.iam@zhaw.ch
www.zhaw.ch

Deutschland

Deutsche Public Relations-Gesellschaft e.V. (DPRG)
Adressen der Landesgruppen auf der Website
info@dprg.de
www.dprg.de
Die Adressen der Landesgruppen finden Sie auf der dprg-Website.

Gesellschaft Public Relations Agenturen e.V. GPRA
Schillerstrasse 4, 60313 Frankfurt am Main
Telefon 0049 (069) 2 06 28, Fax 0049 (069) 2 07 00
info@gpra.de
www.gpra.de und www.pr-guide.de
(Verband führender PR-Agenturen Deutschlands)

Österreich

PRVA – Public Relations Verband Austria
Sekretariat: Lothringerstrasse 12, 1030 Wien
Telefon 0043 (0) 1 715 15 40, Fax 0043 (0) 1 715 15 35
office@prva.at
www.prva.at